Photographies : Fabrice Besse

ceci est un bijou

DE LA RÉCUP' À LA CRÉATION

Odile Bailloeul
Françoise Hamon

Dessain et Tolra

Remerciements

Nous remercions tout particulièrement :
Anne Laguillaumie (de la Droguerie),
Pierre Mamou (de Pappo Paulin), Anne D.,
Klemens Wersonnig, Charlotte, Sophie, Arnaud Loiselier.

Un grand merci à nos mannequins :
Aïssatou, Clémence, Charlotte, Élise, Hélène et Laura.

Merci enfin à Guillaume du restaurant Cercle rouge,
7 rue Saint-Sabin, 75011 Paris.

Direction éditoriale : Meriem Varone
Coordination éditoriale : Valérie Gendreau

Conception de la maquette : Sonia Roy
Photographies : Fabrice Besse
Stylisme : Sonia Roy
Mise en pages : Olivier Caldéron
Dessins : Lucie Niney
Couverture : Sonia Roy / Véronique Laporte
Relecture : Édith Zha

Fabrication : Anne Raynaud
Photogravure : Arts graphiques du Centre

Dépôt légal : octobre 2005
ISBN : 2-295-00048-3

Avant-propos

L'esprit du temps est au recyclage. Trouver des alternatives à une consommation effrénée s'avère de plus en plus nécessaire. L'univers de la création n'y échappe pas et puise dans cette contrainte une nouvelle source d'inventivité.

Les matériaux utilisés dans cet ouvrage ne sont ni rares, ni précieux. Mais, détournés de leur usage premier, ils deviennent des bijoux raffinés, étonnants ou ludiques possédant un charme unique.

Ce livre vous invite à découvrir des détournements et d'autres usages possibles pour ces objets qui nous entourent. Tous les matériaux, naturels ou manufacturés, peuvent être prétexte à la création : le métal, le bois, le papier, le tissu, le plastique, le minéral.

Avec un œil neuf et un peu d'imagination, vous regarderez autrement cet univers du quotidien et vous conviendrez qu'il recèle encore bien des trésors à transformer.

textile **10**

plastique **28**

métal **50**

Sommaire

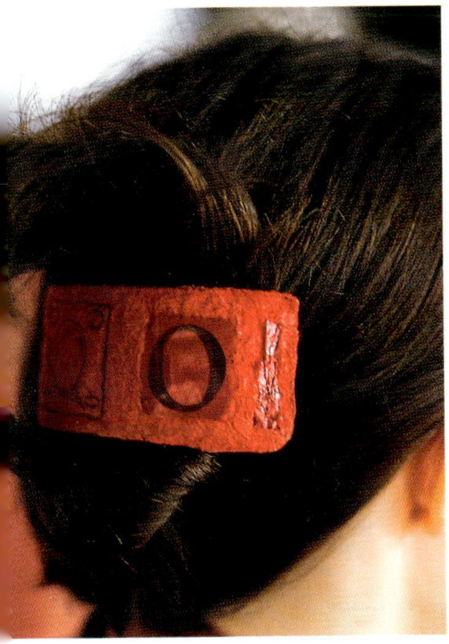

papier **70**

nature **86**

minéral **102**

Les anneaux

Ils sont ronds ou ovales, simples ou doubles, ouverts ou soudés.

Les anneaux doubles sont notamment utilisés avec les fermoirs car ils ne s'ouvrent pas sous l'effet d'une traction.

Les anneaux ovales s'ouvrent au milieu de l'ellipse, ce qui est pratique pour éviter que le fil ne passe par l'ouverture. Pour ouvrir un anneau, évitez de trop écarter ses extrémités afin de ne pas le déformer. Ouvrez-le et fermez-le latéralement en utilisant de préférence deux pinces.

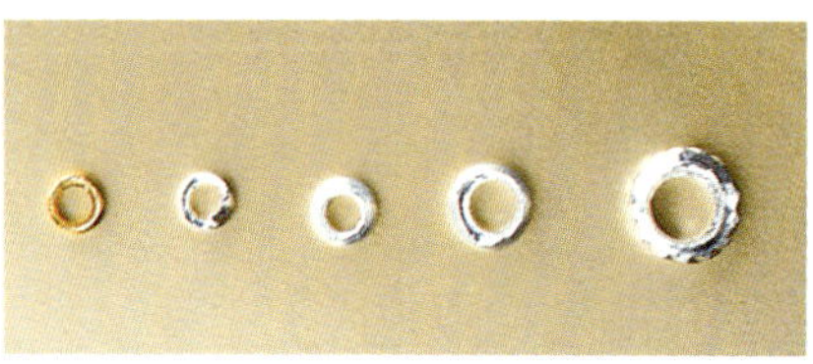

Les perles à écraser

Elles servent à bloquer fils et perles. Elles existent en plusieurs tailles : vérifiez toujours que le diamètre de la perle est suffisant pour faire passer le ou les fils. Écrasez la perle lorsqu'elle est placée perpendiculairement au fil.

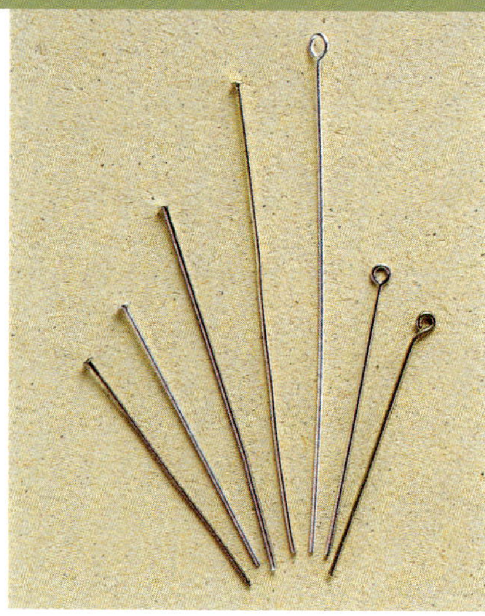

Les clous de jonction

Ils existent à tête ou à boucle. Ils se coupent suivant la taille désirée et vous pouvez les façonner à l'une de leurs extrémités à l'aide d'une pince ronde.

Les fermoirs

Il existe une grande variété de formes et de mécanismes différents : à ressort, à pression, à aimant, à vis, à crochet, à cliquet, à mousqueton…

Les fermoirs multirangs sont dotés d'anneaux intégrés qui permettent d'accrocher ensemble plusieurs rangs de perles.

Les fermoirs circulaires ne nécessitent pas d'anneaux intermédiaires : il suffit d'enfiler le fil dans le tube et d'écraser celui-ci.

N'oubliez pas, en particulier pour les bracelets, que la taille du fermoir ainsi que les anneaux intermédiaires contribuent à la longueur du bijou.

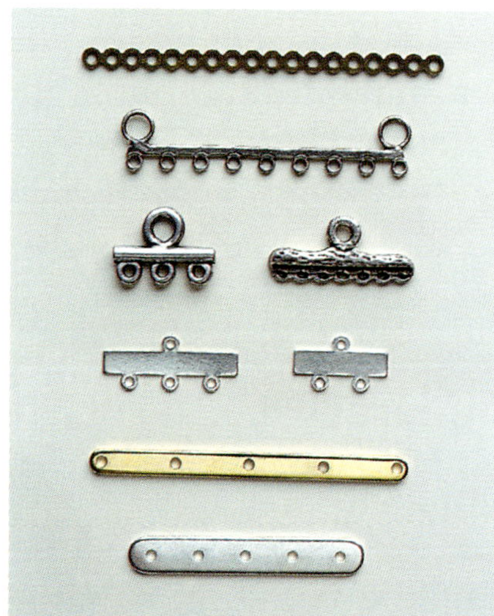

Les barres multirangs

Elles sont utilisées pour maintenir l'écartement des rangs de perles dans un bijou. Certaines se fixent directement sur un fermoir. D'autres servent de support à des pendeloques (p. 92).

Les apprêts

Les apprêts sont tous les éléments qui permettent de réaliser des montages de bijoux : fermoirs, anneaux, perles à écraser, supports de bague, de barrette, de broche, crochets ou anneaux pour boucles d'oreilles, clous de jonction, embouts, cache-nœuds, fils... Les apprêts en métal existent souvent dans différentes finitions de couleurs : argent, doré, noir, cuivre, laiton.

Les embouts

La forme et la taille sont à adapter suivant la finition et peuvent servir de cache-nœud. Les embouts plats sont plus pratiques pour les rubans ; les embouts ronds permettent de joindre plusieurs fils ou des câbles à gros diamètre.

Certains embouts sont munis d'un trou dans lequel passe un clou de jonction. Ils s'accrochent au fermoir grâce à un anneau intermédiaire. D'autres ont une accroche intégrée qui sert directement de fermoir.

Les pastilles à coller

Elles se fixent sur l'envers du bijou. Elles peuvent être munies de canaux pour enfiler le câble (p. 88) ou d'un ou de plusieurs anneaux intégrés qui permettent l'assemblage (p. 114).

Les liens

Toutes sortes de matériaux, de couleurs, d'aspects sont possibles suivant le style de bijoux que vous souhaitez réaliser.

En métal : fils câblés, fil d'argent ou de laiton, fils gainés comme les fils électriques, chaînes...

En textile : rubans, fils de coton, élastique...

En plastique : fil nylon, scoubidou, ruban plastique...

En cuir : lacet rond ou plat, bracelet de montre...

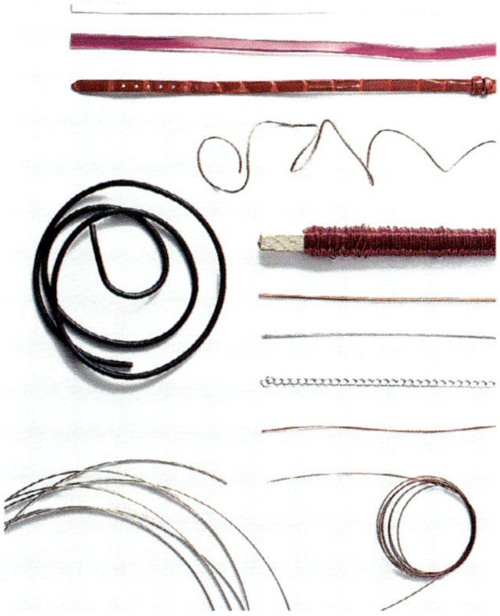

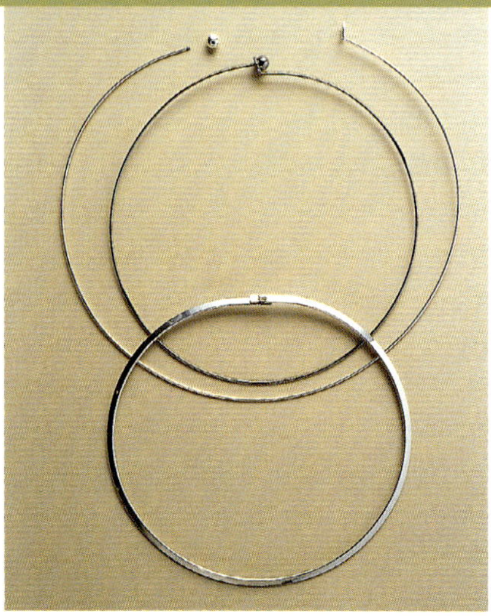

Les tours du cou rigides

Notez que la petite boule située à l'une des deux extrémités se dévisse, ce qui est fort utile lorsque vous devez enfiler des petits éléments sur le fil.

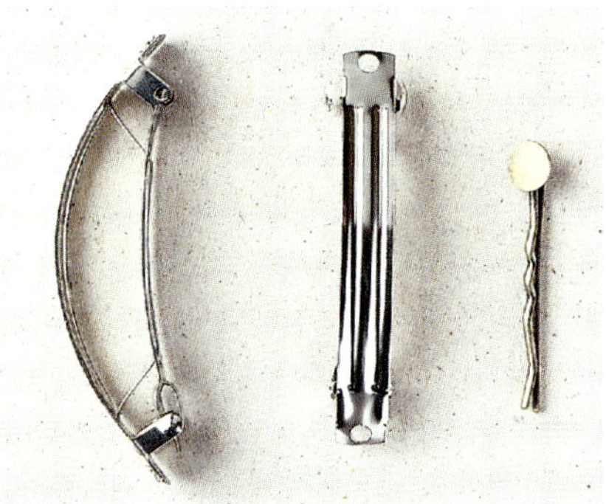

Les supports de barrettes, les pinces à cheveux

Les supports de bagues

Ils sont souvent réglables.

Les supports à coller sont munis d'une surface ronde et plate sur laquelle se fixe un élément.

Les supports permettant d'accrocher des éléments sont munis de grilles à sertir ou d'anneaux intégrés.

Les attaches de boucles d'oreilles

Elles sont conçues pour des oreilles percées ou non. Certains supports offrent une surface à coller, d'autres se fixent au bijou avec un anneau.

Il existe aussi des créoles à garnir (p. 76).

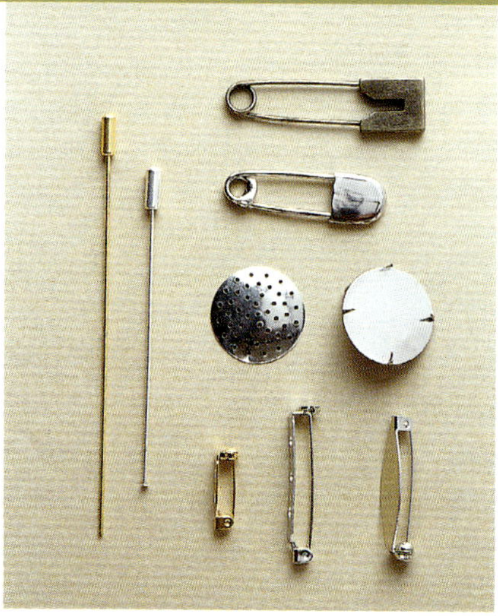

Les attaches de broches

Elles peuvent se coller ou se coudre et existent dans de nombreuses dimensions. Elles sont munies d'un système de sécurité.

Il existe aussi des épingles à nourrice et de longues tiges, type épingle à chapeaux, qui peuvent servir de support de broche.

Les outils

Les outils qui vous seront nécessaires dépendent des matériaux que vous utilisez.

Les pinces rondes, plates et coupantes

Elles sont indispensables notamment pour façonner les fils métalliques, ouvrir et fermer les anneaux, maintenir un élément en place, couper, etc.

Le fer à souder

Il est utilisé dans quelques-unes de nos créations notamment pour fermer des anneaux (p. 66) ou pour fixer des éléments (p. 98). Son usage est très simple. Comme le fil d'argent est conducteur, n'oubliez pas de vous protéger de la chaleur en portant des gants.

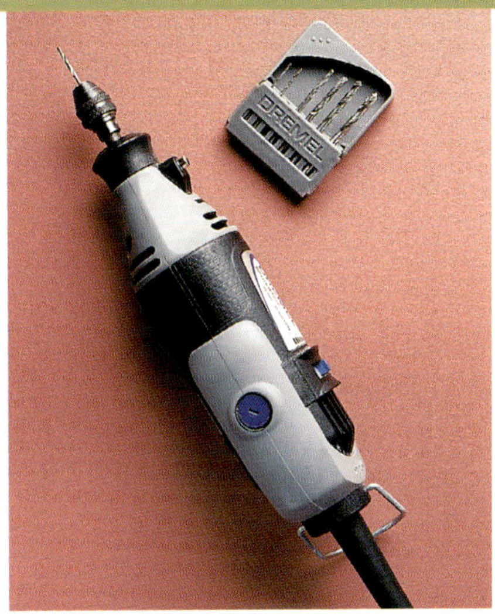

La miniperceuse

Elle se révèle fort utile dans bien des cas. Suivant les bijoux que vous réaliserez, vous adapterez les accessoires nécessaires : mèches de différents diamètres, disques abrasifs, miniponceuse...

Les colles

Choisissez la colle qui convient au type de matériaux à coller.

L'Araldite bicomposant est une sorte de résine qui colle de manière très solide. Son utilisation est très pratique.

La colle cyanolite permet un collage rapide, mais évitez de coller deux pièces de métal ensemble.

La colle en pistolet permet un collage instantané mais moins résistant que l'Araldite.

La colle vinylique s'utilise essentiellement pour le papier et le carton.

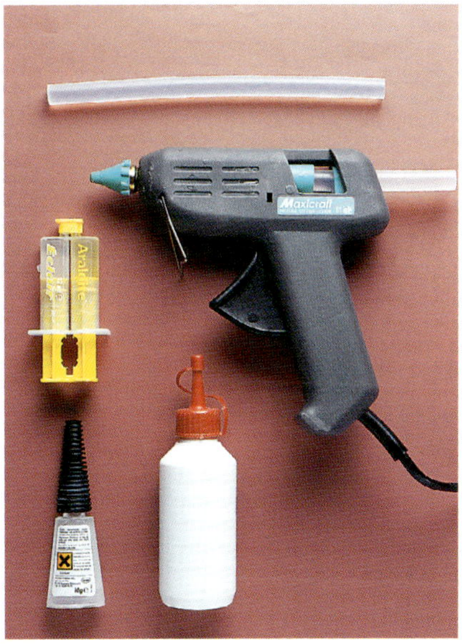

Les cutters, ciseaux et scies

Ils sont utilisés suivant le type de matériaux à couper.

La scie à chantourner est pratique pour des découpes complexes et précises (p. 34) ou des découpages en série (p. 98).

textile

FOURNITURES

- Chutes de tissus de toutes sortes
- Fils coton de couleur
- Aiguille
- Épingles
- Fermoir métal en crochet
- Ciseaux

1. Réalisation des ballotins

Utilisez des chutes de tissus de tailles variables, entre 3 cm^2 et 6 cm^2 environ. Repliez le tissu sur lui-même afin de former une sorte de boule. Maintenez la boule repliée entre vos doigts. Piquez le fil dédoublé dedans. Entourez la boule en tendant bien le fil et piquez-le de temps à autre à l'intérieur. Au cours de la couture du ballotin, vous pouvez changer de couleur de fil. Réalisez ainsi une cinquantaine de ballotins en variant leur taille.

2. Montage

Épinglez les ballotins les uns aux autres en diminuant leur nombre au niveau du cou. Sur l'envers, cousez les ballotins les uns aux autres aux endroits où ils se touchent.

Cousez un fermoir en forme de crochet aux extrémités.

Collier Ballotins

CE PLASTRON SPECTACULAIRE MAIS LÉGER EST RÉALISÉ AVEC DES CHUTES DE TISSUS BARIOLÉS.

Collier Zigzag

UN FAUX COL BIEN RIGIDE ADOPTE UN ESPRIT COMPLÈTEMENT ÉCHEVELÉ.

FOURNITURES

- Col amidonné
- Coton et eau de Javel (facultatif)
- Ciseaux
- Fils de coton perlé de couleur
- Machine à coudre, fil blanc et fils de couleur
- Agrafe à coudre

1. Avant de commencer

Si le col est sale, nettoyez-le : imbibez un morceau de coton avec un peu d'eau de Javel diluée et frottez sur les taches. Ne trempez surtout pas le col dans l'eau et ne le passez pas à la machine à laver, vous le ramolliriez. Laissez sécher.

2. Couture des fils

Maintenez en place les fils de coton perlé par un point zigzag. Coupez les fils qui dépassent à environ 1 cm du bord du col.

Appliquez et cousez des fils de coton perlé rouge à de multiples endroits du col. Travaillez le coton perlé et le fil à coudre dans un camaïeu de couleurs chaudes.

Rajoutez parcimonieusement quelques fils de couleurs froides. Vous obtenez ainsi un ensemble à la fois multicolore et harmonieux.

Au cours du travail, rabattez les pattes qui font office de boutonnières vers l'intérieur du col. Cousez-les en même temps que les fils de coton.

3. Finitions

En guise de fermoir, cousez une agrafe en haut et à l'intérieur du col.

FOURNITURES

- Napperons en dentelle de diamètres variés (15 cm maximum)
- Teinture textile
- Support de broche
- Fil assorti
- Aiguille
- Chutes de tissus
- Chutes de dentelles

1. Réalisation du cœur

Faites une petite boule avec une chute de tissu et recouvrez-la d'un peu de dentelle.

Cousez l'ensemble bien serré pour former le cœur de la fleur.

2. Réalisation des corolles

Teignez les napperons en suivant les indications du fabricant.

Froissez en cornet un napperon et glissez le cœur au milieu. Froncez le napperon et cousez-le à points invisibles autour du cœur.

Réalisez d'autres corolles en ajoutant successivement deux napperons un peu plus grands.

Cousez l'attache de broche sur l'envers en la décentrant vers le haut de façon que la fleur ne bascule pas une fois portée.

Dentelles fleuries

UN CLIN D'ŒIL AUX NAPPERONS DE GRAND-MÈRES DÉTOURNÉS EN BOUQUETS RAFFINÉS.

Étole aux cravates

TENUE CORRECTE ET CRAVATES EXIGÉES POUR CETTE ÉTOLE DES GRANDS SOIRS.

FOURNITURES

- Une quinzaine de cravates assorties
- 100 x 42 cm de soie rouge
- Fil rouge
- Machine à coudre

1. Préparation des bordures

Coupez les deux extrémités des cravates à environ 35 cm. Superposez les pointes sur une largeur de 20 cm en mettant les plus larges au-dessous et en dégradant les tailles. Faufilez les cravates ensemble à 33 cm des pointes pour les maintenir ensemble. Piquez à la machine, surfilez, coupez à 0,5 cm de la couture.
Réalisez ainsi deux bordures de cravates.

2. Assemblage

Pliez la soie rouge en deux dans le sens de la longueur. Fermez ce rectangle à la machine en laissant une ouverture de 30 cm au milieu pour pouvoir retourner l'écharpe.
Pliez le rectangle de façon que la couture se trouve au milieu : ce tube doit avoir la largeur de votre assemblage de cravates.
Glissez vos cravates dans ce tube pour que les bords surfilés coïncident avec le bord du tube. Attention, l'envers des cravates doit être du côté de la couture du tube. Piquez l'extrémité à la machine.
Renouvelez l'opération avec l'autre côté.
Retournez l'écharpe par l'ouverture laissée dans la couture. Fermez par quelques points cousus à la main.

FOURNITURES

- Fils électriques gainés de textile
- Feutre noir
- Adhésif
- Colle cyanolite
- Cutter
- Colle bicomposant
- Embouts ronds en métal de différents diamètres
- Clous de jonction à tête
- Pince ronde
- Pince coupante
- Anneaux
- Barre métal à 5 attaches
- Fermoir à mousqueton

1. Avant de commencer

Les fils gainés de textile se récupèrent sur des vieux fers à repasser, des grille-pain, etc.
Si les fils sont sales, lavez-les en machine (programme 30° au maximum, pas d'essorage). Prenez soin au préalable d'enrouler les extrémités des fils avec un adhésif, afin que le tissage ne s'abîme pas. Laissez sécher.

2. Préparation des fils gainés

Mesurez les 5 fils de différentes longueurs (entre 38 et 45 cm environ). Marquez un repère au feutre sur le cordon. Pour éviter que le tissage ne s'effiloche, déposez à cet endroit un trait de colle cyanolite. Laissez sécher la colle. Coupez le cordon au cutter au milieu du trait de colle.

3. Montage

Enfilez un clou de jonction dans le trou de l'embout en métal. Préparez la colle bicomposant et déposez-en sur l'extrémité du fil gainé. Enfoncez le fil gainé dans l'embout rond. Avec une pince, serrez si nécessaire l'embout contre le fil. Laissez sécher.
Avec la pince coupante, sectionnez une partie de la tige qui dépasse de l'embout. Gardez-en suffisamment pour former un anneau à l'aide de la pince ronde. Réalisez ainsi la totalité des fils gainés.
Accrochez chaque embout à la barre en métal avec un anneau intermédiaire. Posez un fermoir à mousqueton.

Bouts de fils, fils de fer, fer à repasser

SOUVENT NÉGLIGÉS, CES FILS GAINÉS OFFRENT POURTANT UNE SURPRENANTE VARIÉTÉ DE TISSAGES GRAPHIQUES ET COLORÉS.

Bracelet Tournicotis

UNE MANCHETTE QUI FAIT TOURNER BIEN DES TÊTES.

FOURNITURES

- Manchette amidonnée
- Ciseaux
- Biais bordeaux
- Adhésif double face (facultatif)
- Machine à coudre et fils
- Emporte-pièce de 3 mm de diamètre
- Marteau et planche support
- Rubans torsadés
- Pince et rivets

1. Couture du biais

Avant d'installer le biais, coupez aux ciseaux la patte boutonnière de la manchette. Cousez le biais bordeaux tout autour de la manchette. Pour plus de facilité, vous pouvez déposer de l'adhésif double face à l'intérieur du biais et le coller à cheval sur le bord de la manchette avant de le coudre.

2. Réalisation des trous

À l'aide de l'emporte-pièce et d'un marteau, trouez la manchette d'une multitude de deux petits trous côte à côte. Chaque paire de trous correspond à un ruban qui entre et qui ressort à travers la manchette, formant ainsi deux brins.

Percez chaque paire de trous dans des directions différentes afin d'orienter les rubans dans tous les sens.

3. Application des rubans

Coupez des sections de 14 cm environ de ruban torsadé. Enfilez-les à travers les paires de trous. Fermez la manchette avec les deux rivets.

FOURNITURES

- Canevas petits points
- Machine à coudre et fil jaune
- Molleton
- Tissu assorti
- Biais satiné
- Adhésif double face
- Embouts plats à griffes de 3 cm de long
- Pince plate
- Anneaux ovales
- Fermoir aimanté

1. Découpe des tissus

Découpez un morceau de canevas suivant le patron proposé. Adaptez sa longueur à votre poignet. N'oubliez pas l'espace nécessaire pour le fermoir et les anneaux d'attache. Découpez le molleton et le tissu de fond.
Surfilez au point zigzag l'ensemble du canevas, du molleton et du tissu de fond en les superposant.

2. Pose du biais

Tendez le biais à l'envers sur une table entre deux poids. Déposez de l'adhésif double face le long du biais. Collez le biais à cheval sur l'épaisseur des tissus et cousez-le au point droit sur chaque bord du bracelet. Coupez les fils qui dépassent.

3. Finitions

Posez les embouts plats aux extrémités du bracelet et pincez-les. Posez un anneau ovale dans l'anneau intégré à l'embout, puis un fermoir aimanté.

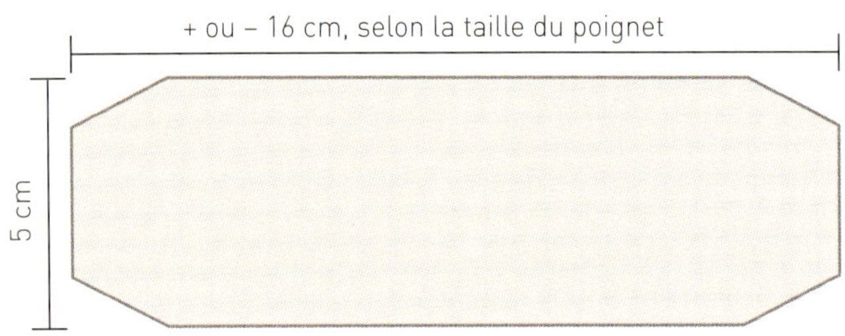

Agrandissez le patron à 200 %.

Bracelet de biche

LE CANEVAS « BICHES AUX ABOIS AU FOND DES BOIS »
SE MÉTAMORPHOSE EN BRACELET POUR JEUNE FILLE D'AUJOURD'HUI !

FOURNITURES

- Une vingtaine de foulards
- Environ 2,5 m de ficelle de nylon
- Grosse aiguille

Réalisation

Découpez les foulards en lanières de 40 x 4 cm.

Faites un gros nœud à l'extrémité de la ficelle. Pliez une lanière de façon que les extrémités se superposent sur le milieu de la bande. Piquez avec l'aiguille les trois épaisseurs de la bande et faites glisser jusqu'au nœud. Renouvelez l'opération avec 8 bandes de foulard. Faites un gros nœud à 5 cm au-dessus du dernier morceau. Enfilez de nouveau 8 lanières de foulard, et ainsi de suite jusqu'à la longueur désirée du boa.

Bloquez par un dernier nœud.

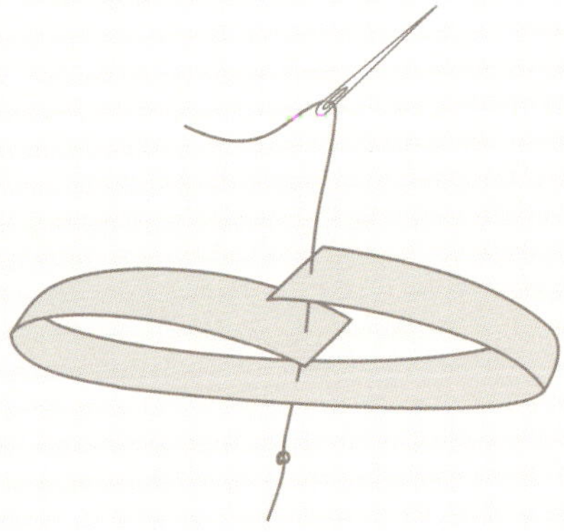

Foulards Fou-fou

SOIERIES ET FALBALAS SE TRANSFORMENT EN UN BOA
QUI EN LAISSERA PLUS D'UN PANTOIS.

plastique

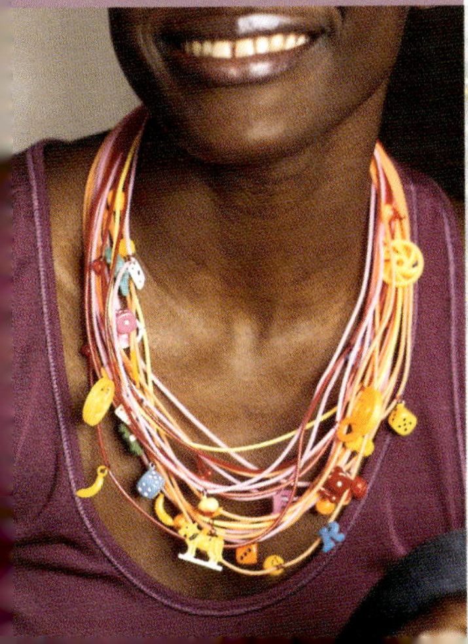

Collier Nautilus

POUR ÉPATER LE CAPITAINE NEMO,
PAREZ-VOUS D'UN COLLIER DIGNE DE 20 000 LIEUES SOUS LES MERS.

FOURNITURES

- Ruban plastique translucide de 5 mm de large
- Ciseaux
- 8 leurres pieuvres en plastique
- 15 anneaux en métal
- Grosse aiguille
- Pince ronde
- Pince plate
- Fermoir à visser tubulaire

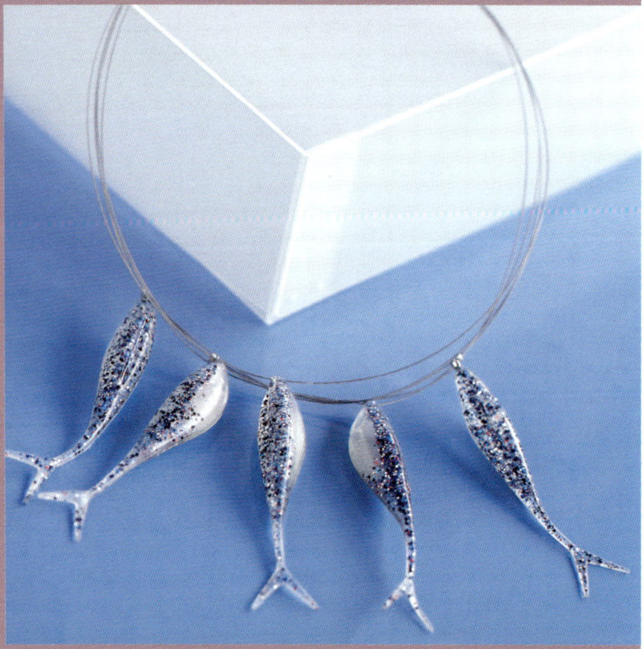

1. Confection du collier

Coupez dans le ruban plastique 2 morceaux de 11 cm et 4 morceaux de 4,5 cm. Coupez les angles en biseau. Faites un trou avec une grosse aiguille aux extrémités de chaque ruban. Enfilez des anneaux dans ces trous pour relier les morceaux entre eux.
Au sommet de chaque pieuvre, percez un trou et passez un anneau.

2. Montage

Accrochez les pieuvres sur les anneaux reliant ensemble les morceaux de collier. Répartissez-les comme suit : 1 pieuvre de chaque côté et trois groupes de 2 pieuvres au centre du collier.
Accrochez le fermoir.

Astuce

Au moment de choisir les leurres, vérifiez-en l'odeur ! Certains d'entre eux sont recouverts d'une substance attractive pour les poissons mais qui risque de faire fuir les coquettes...

Variante

Vous pouvez imaginer d'autres montages, comme ici, à partir d'un simple kit de fils cablés.

FOURNITURES

- 5 stylos transparents (type Bic)
- 200 cm environ de fils électriques fins de couleur
- 2 gros cache-nœud
- Fermoir en crochet
- 2 anneaux
- Scie à métaux
- Fil
- Colle universelle

1. Fabrication des perles

Sciez des corps de stylo en morceaux de 1 à 1,5 cm avec la scie à métaux. Coupez 7 morceaux de fil de 100 cm.

2. Montage

Enfilez et centrez la première perle. Bloquez-la par un nœud de part et d'autre.

Continuez d'enfiler les perles de part et d'autre de la première en les séparant par un nœud. Réalisez 23 cm de longueur de collier avec perles.

Réalisez un deuxième collier de 26 cm de long.

Déterminez la longueur totale du collier. Ligaturez ensemble les extrémités avec du fil solide. Coupez l'excédent.

Déposez une goutte de colle sur les extrémités des fils et bloquez-les en écrasant le cache-nœud.

Fixez le fermoir au cache-nœud grâce à un anneau.

Ethno-Bic

CE COLLIER À LA FOIS TRANSLUCIDE ET COLORÉ
SE PLAIRA DANS TOUS LES DÉCOLLETÉS.

Fleur de vinyle

45 ET 33 TOURS REPRENNENT DU SERVICE EN UN SWING INATTENDU.

FOURNITURES

- Disques vinyles
- Crayon à papier
- Scie à chantourner
- Limes à bijou
- Récipient rempli d'eau bien chaude
- Pince à spaghettis
- Colle bicomposant à prise rapide
- Miniperceuse et mèches
- Ruban en plastique transparent
- Petite boucle de bracelet (vieux bracelet-montre)
- Fer à souder
- Ciseaux

1. Réalisation des corolles

Reproduisez sur le disque vinyle les pétales de fleurs (voir p. 36). Découpez ces motifs à la scie à chantourner. Limez les copeaux de plastique sur les bords.

2. Courbure des pétales

Trempez la corolle la plus grande dans l'eau bien chaude. Sous l'action de la chaleur, le vinyle ramollit. Pour ne pas vous brûler, sortez la corolle de l'eau avec une pince à spaghettis. Courbez immédiatement l'extrémité des pétales vers le cœur de la fleur.

Attention, la matière refroidit très vite ; si vous tardez trop, vous ne pouvez plus déformer la matière, et si vous insistez, vous risquez de la casser.

Procédez de la même manière avec les autres corolles. Plus la corolle est petite, plus vous courberez les pétales vers l'intérieur.

Si vous avez raté une forme, il vous suffit de la replonger dans l'eau bien chaude pour la remettre à plat.

3. Réalisation du bracelet

Coupez environ 22 cm de ruban plastique. Passez-le dans la boucle en métal en ayant préalablement troué le plastique à l'endroit de l'aiguille de la boucle en métal.

Pour coller solidement le plastique, utilisez le fer à souder. Faites-le chauffer et posez l'embout chaud sur l'extrémité du ruban plastique. Repliez le ruban immédiatement sur lui-même.

Avec la miniperceuse, perforez l'autre extrémité du bracelet d'une succession de petits trous pour le réglage du tour de poignet. Coupez en pointe.
Si vous ne voulez pas réaliser le bracelet, vous pouvez en trouver dans le commerce (mais ils sont généralement en cuir).

4. Montage de la fleur

Collez à la colle bicomposant les corolles les unes sur les autres, excepté la plus grande.
Pour maintenir solidement le bracelet de ce bijou, réalisez deux fentes sur le fond de la grande corolle : faites une succession de petits trous à la miniperceuse. Limez les fentes obtenues. Passez le bracelet à travers l'une des fentes et faites-le ressortir par l'autre.
Pour définir l'emplacement définitif de la fleur sur son support, essayez le bijou sur votre poignet, car la fleur ne se trouve généralement pas juste au milieu du bracelet.
Collez l'ensemble des corolles précédemment réalisées sur la grande corolle munie de son bracelet.

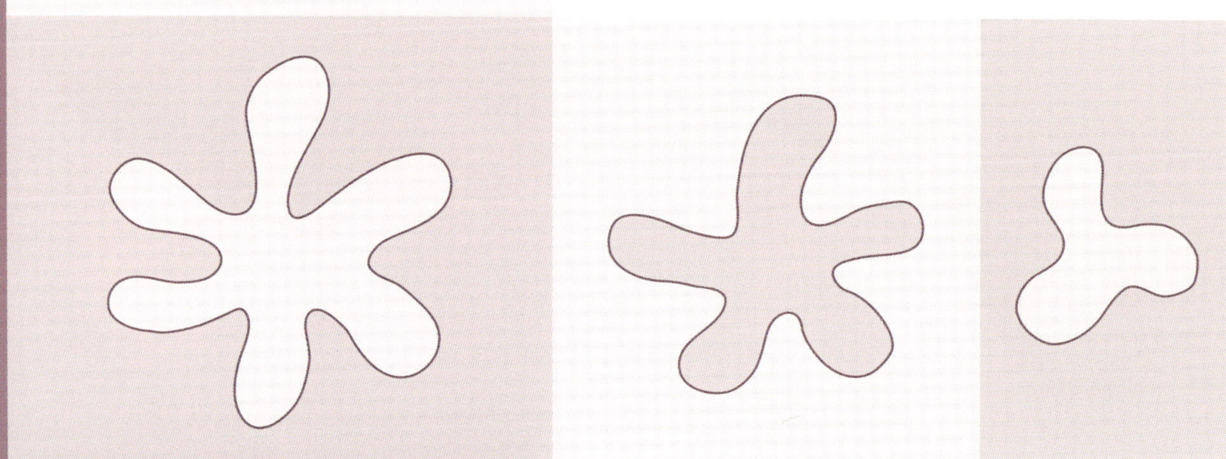

Agrandissez les patrons à 150 %.

Des p'tits trous, encore des p'tits trous...

DISQUES NOIRS ET VIEILLES GALETTES SE TRANSFORMENT EN BIJOUX ÉPURÉS.

1. Réalisation des rectangles et des trous

Dessinez au crayon sur le vinyle un rectangle de 4 x 22 cm pour le bracelet et deux rectangles de 6 x 1,7 cm pour les boucles d'oreilles. Avec une grosse aiguille, gravez le contour de la forme dans le vinyle afin que la lame de la scie suive le motif.

Découpez avec la scie à chantourner. Arrondissez les angles avec le papier de verre. Limez les bords et poncez.

Avec une mèche moyenne puis petite, perforez le vinyle de multiples trous. Passez la petite lime ronde dans les trous pour faire disparaître les résidus de plastique.

2. Courbure du bracelet

Dans l'eau bien chaude, posez horizontalement un bocal sans son couvercle. Trempez également le rectangle de vinyle jusqu'à ce que la matière devienne malléable.

Attrapez le vinyle avec les pinces et appliquez-le immédiatement sur le bocal. Le vinyle s'arrondit sauf aux extrémités, qui pendent verticalement.

Avec les pinces, saisissez bocal et vinyle en même temps. Sortez-les de l'eau chaude. Contraignez rapidement le plastique à prendre définitivement la courbure du bocal, en particulier aux extrémités. Laissez refroidir.

3. Finitions

Pour les boucles d'oreilles, posez un petit anneau sur le trou qui se trouve en haut au centre, et accrochez une attache pour oreilles percées.

FOURNITURES

- Règle
- Grosse aiguille
- Papier de verre
- Planche support
- Bocal droit d'un diamètre correspondant approximativement à votre poignet

FOURNITURES

- Bouchons de feutres
- Miniperceuse et mèche
- Perles à écraser
- Pince plate, coupante et ronde
- Fil rouge fin
- Colle bicomposant à prise rapide
- Fil métallique épais rouge
- Cache-nœud
- Perles rayées longues
- Fermoir tube à visser
- Anneaux

1. Préparation des bouchons

Percez un petit trou sur le sommet de chaque bouchon. Assemblez les bouchons deux par deux en associant une couleur froide avec une couleur chaude. Collez-les ensemble tête-bêche avec un peu de colle à prise rapide. Laissez sécher.

Coupez 10 cm environ de fil rouge fin. Écrasez une perle à l'une des extrémités. Passez le fil à travers les deux bouchons. Avec la pince ronde, enroulez le reste du fil afin de réaliser un anneau double. Coupez l'excédent de fil.

2. Montage

Coupez 36 cm environ de fil rouge épais. Réalisez une boucle à l'une des extrémités et pincez-la dans un cache-nœud. Enfilez alternativement une perle tube, une pendeloque de bouchons. La perle sert à empêcher les bouchons de se superposer les uns sur les autres et les maintient en éventail.

Fermez la deuxième extrémité du fil rouge avec un cache-nœud.

Fixez sur les cache-nœuds un anneau et le fermoir.

P'tits bouchons

BOUCHONS PLASTIQUES ET COLORÉS S'AFFICHENT SANS COMPLEXE AUTOUR DU COU EN UN ARC-EN-CIEL DE COULEUR.

Étoiles des neiges

EFFETS GIVRÉS ET FLOCONS GLACÉS POUR DES PETITES ÉTOILES À SEMER.

FOURNITURES

- Pistolet à colle
- Colle transparente à chaud
- Cutter
- Colle pailletée argent à chaud
- Support de pinces à cheveux
- Colle bicomposant à prise rapide
- Surface en silicone (type moule à gâteaux)

Agrandissez les patrons à 180 %.

1. Réalisation des étoiles

Insérez un bâton de colle transparente dans le pistolet et laissez chauffer quelques minutes.
Sur la surface en silicone, tracez doucement et régulièrement la forme des étoiles. Laissez refroidir.
Pour ne pas gâcher trop de colle, coupez au cutter le maximum du bâton déjà engagé.
Insérez alors le bâton de colle pailletée dans le pistolet. Pressez la gâchette jusqu'à ce que la colle pailletée apparaisse.
Complétez vos motifs en ajoutant la colle pailletée par petites touches sur les étoiles déjà réalisées.
Pour cacher l'apprêt, déposez au centre de l'étoile un peu de colle pailletée.
Laissez refroidir.

2. Montage

Collez l'étoile sur la pince avec la colle bicomposant.

Noblesse oblige

APPOSEZ VOTRE SCEAU SUR CES BIJOUX HORS DU COMMUN.

FOURNITURES

- Cire à cacheter à chaud rouge et bordeaux
- Sceau, bouton décoratif avec relief, médaillon...
- Tampon encreur or
- Pinceau
- Supports de broche
- Colle bicomposant à prise rapide
- Surface en silicone (type moule à gâteaux)
- Pistolet à colle

1. Réalisation des cachets de cire

Faites chauffer un bâton de cire dans le pistolet à colle. Déposez de la cire chaude au fond du moule sur une surface plus grande que votre sceau. Attendez quelques secondes que la cire se fige un peu.

Frottez votre sceau ou votre bouton sur le tampon encreur. Pressez sur la cire chaude et laissez prendre une minute. Ôtez le sceau. Laissez refroidir.

Jouez éventuellement avec deux couleurs de cire en pressant dans de la cire chaude un cachet déjà estampé d'une autre couleur.

2. Montage

Fixez à la colle bicomposant vos cachets sur des supports de broche.

Astuce

Si vous possédez un pistolet à chaleur, vous pouvez refaire fondre les essais qui ne vous conviennent pas et les estamper à nouveau.

FOURNITURES

- Pince Dymo et ruban noir à imprimer
- Ruban textile rouge un peu plus large que le ruban Dymo
- Machine à coudre et fil rouge
- 2 embouts plats à pincer
- Anneaux
- Fermoir
- Pince plate

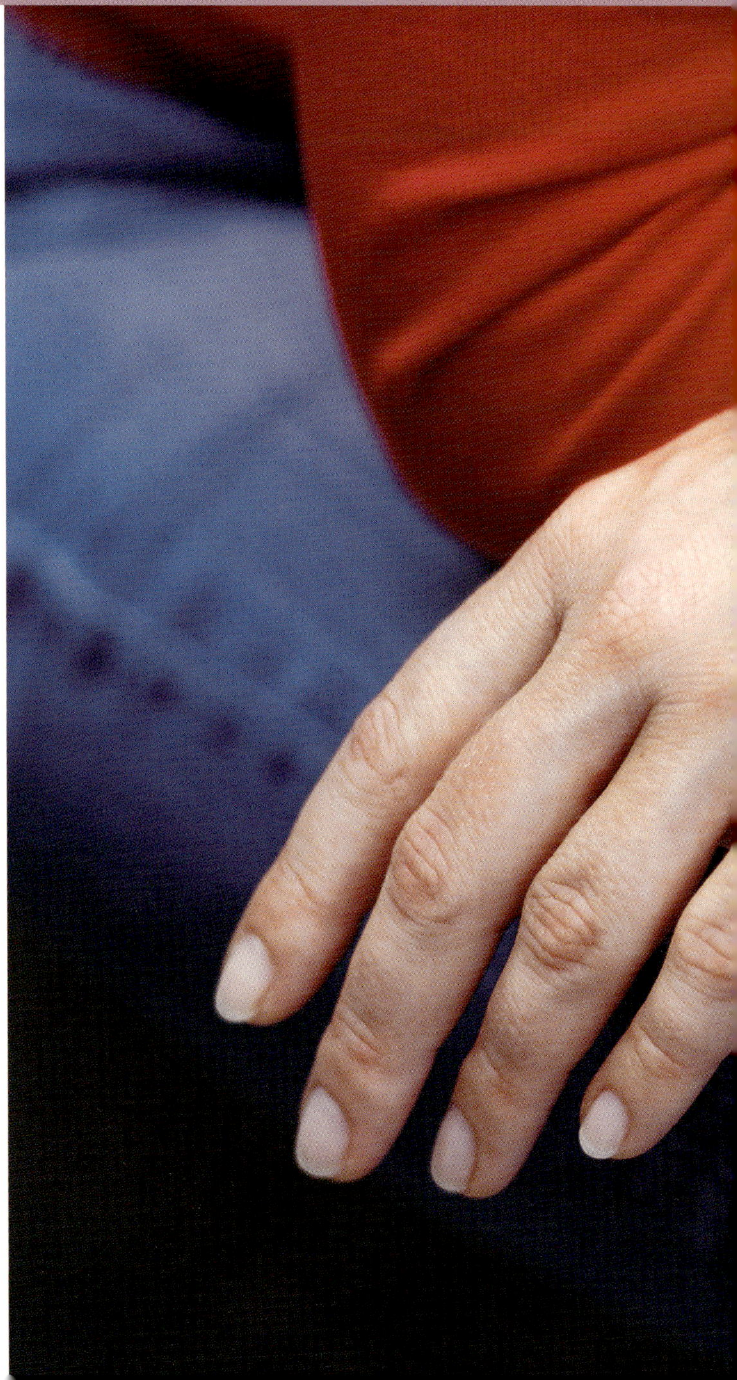

1. Impression du message

Enfilez le ruban noir à imprimer dans la fente de la pince Dymo. Sélectionnez la lettre à l'endroit indiqué sur la machine. Serrez fermement la pince pour graver la lettre. Pour réaliser un espace entre deux mots, serrez la pince plus légèrement. Imprimez l'ensemble du message de votre choix.

2. Couture

Décollez environ 1 cm de protection adhésive au dos du ruban Dymo noir. Appliquez-le sur le ruban rouge et cousez-le au point droit. Décollez à nouveau une section du ruban imprimé et continuez la couture sur le ruban rouge. Cousez ainsi l'ensemble du message sur le ruban textile. Passez l'excédent de fils sur l'envers et coupez-les.

3. Finitions

Pincez un embout plat à chaque extrémité. Enfilez un anneau puis un fermoir dans le trou de l'embout.

Bracelet poignet d'amour

DÉTRÔNÉE PAR L'IMPRIMANTE DE VOTRE ORDINATEUR, LA PINCE DYMO REPREND DU SERVICE POUR DÉCLAMER VOTRE AMOUR AU MONDE ENTIER.

Scoubidous printaniers

EFFETS MÉTALLISÉS ET PLASTIQUES IRISÉS, POUR CAPTURER LA LUMIÈRE.

FOURNITURES

- 20 scoubidous métallisés de 100 cm
- Feuilles intercalaires transparentes de couleur
- Fil métallique de couleur
- Grosse aiguille
- Fermoir tulipe
- Perforatrice
- Perles fantaisie
- Pistolet à chaleur
- Cutter pointu

Agrandissez les patrons à 130 %.

1. Montage des scoubidous

Ligaturez solidement les extrémités des scoubidous. Coupez 2 mm au-dessus du fil. Déposez une goutte de colle. Enfoncez dans le fermoir. Laissez sécher. Enroulez le collier sur lui-même pour obtenir un ras de cou.

2. Réalisation des fleurs et des papillons

Découpez dans les intercalaires les formes des fleurs et du papillon.

Chauffez une fleur au pistolet à chaleur et, avant qu'elle refroidisse, redressez les pétales pour lui donner du relief. Procédez ainsi pour les trois parties de la fleur. Superposez-les et percez leur centre avec l'aiguille.

Pliez les ailes du papillon en deux. Perforez et découpez des formes dans les ailes.

3. Fixation

Coupez un morceau de 10 cm de fil métallique. Faites glisser une perle jusqu'au milieu du fil. Passez les deux extrémités du fil dans le centre de la fleur. Entortillez le fil métallique sur le scoubidou pour bloquer la fleur. Coupez l'excédent de fil. Fixez l'autre fleur de la même manière.

Superposez les deux papillons. Faites deux trous avec l'aiguille sur la pliure, à l'avant et à l'arrière. Entortillez un petit bout de fil de fer sur un scoubidou, là où vous voulez fixer le papillon. Faites-le sortir par le trou situé à une extrémité du papillon. Enfilez quelques perles pour former le corps du papillon. Sortez par l'autre trou et entortillez à nouveau sur le scoubidou. Coupez l'excédent.

Scoubidous grigris

SOUVENIRS D'ENFANCE ET PETITS GRIGRIS, EN GUISE DE PORTE-BONHEUR.

FOURNITURES

- 20 brins de scoubidous rose, orange, jaune, rouge
- Petits jouets de plastique, fèves, perles, boutons de récupération...
- Miniperceuse
- Fil métallique orange
- Pince ronde
- Colle universelle
- Fil solide
- Fermoir tulipe

1. Mise en place des éléments

Déterminez le nombre de scoubidous à insérer en force dans le fermoir. Coupez des morceaux à la longueur désirée. Prévoyez des longueurs différentes pour obtenir un effet dégradé.

Percez les petits éléments qui n'ont pas de trous.

Déterminez l'emplacement des petits éléments le long du collier. Ligaturez-les sur les scoubidous à l'aide d'un petit bout de fil métallique.

2. Montage

Ligaturez les extrémités des scoubidous avec un fil solide. Coupez 2 mm au-dessus du fil. Déposez une goutte de colle. Enfoncez dans le fermoir tulipe. Laissez sécher.

métal

Lhassa vue d'ici

ÉVOCATION D'UN LOINTAIN VOYAGE AU TIBET, CET IMPRESSIONNANT PENDENTIF EST TOUT SIMPLEMENT RÉALISÉ À PARTIR D'UNE... ÉCUMOIRE !

FOURNITURES

- Écumoire en métal
- Scie à métaux
- Perceuse, meule et mèche métal
- Fils métalliques de couleurs turquoise, bleue, verte
- Pince plate et pince coupante
- Vernis à ongles transparent
- Perles tube mordoré
- Fil câblé
- Perles à écraser
- Anneau noir de 1,5 cm de diamètre
- 2 petits anneaux en métal
- 2 Barres 7 anneaux
- Fermoir en métal martelé (cercle et barre)

1. Réalisation du support

Coupez le manche de l'écumoire. Limez. Altérez irrégulièrement la surface de l'écumoire avec la meule.

2. Réalisation de la broderie

Coupez environ 40 cm de fil métallique et passez-le 3 fois de la ligne supérieure à la ligne intérieure. Réalisez tout le tour de l'écumoire.

Passez à la ligne suivante et ainsi de suite jusqu'au centre. Pour changer de couleur de fil, tortillez ensemble 2 fils différents sous l'écumoire. Rabattez l'excès de fil contre la paroi. Déposez une goutte de vernis à ongles sur les extrémités des fils rabattus afin qu'ils ne piquent pas. La broderie est volontairement irrégulière.

3. Montage

Percez un trou au bord de l'écumoire avec une mèche métal. Coupez 130 cm de fil câblé. Enfilez-le pour moitié dans un des anneaux de la barre. Sur les deux brins de 75 cm obtenus, enfilez 2 perles à écraser. Écrasez-les avec la pince. Enfilez les perles tube sur 70 cm environ. Enfilez dans le fil restant 2 perles à écraser et passez-le dans un des anneaux de la deuxième barre. Repassez-le dans les perles à écraser mises précédemment. Écrasez les perles. Coupez l'excédent de fil.

Réalisez ainsi la totalité des fils perlés. Assemblez-les dans le gros anneau et refermez celui-ci dans le trou percé au bord de l'écumoire. Ajoutez un fermoir accroché aux barres avec 2 anneaux intermédiaires.

FOURNITURES

- 2 cuillères en métal à manche long
- Marteau
- Support dur servant d'enclume
- Miniperceuse et mèches
- 2 grosses perles rondes en plastique
- 2 minipitons
- Colle bicomposant
- Anneau rond
- Pinces

1. Martelage

Avec le marteau, aplanissez la partie bombée de chaque cuillère.

Avec un des angles du marteau, tapez la surface de manière à obtenir une succession de petits reliefs martelés. Pour plus de régularité, procédez au martelage des deux côtés de la cuillère.

Tapez aussi sur le manche. Comme celui-ci est fin, il se déforme de lui-même sous l'action du martèlement.

2. Mise en forme

Martelez chaque manche autour d'un objet arrondi pour lui donner le galbe du cou.

3. Montage

Éliminez les embouts plastiques d'origine à l'extrémité des cuillères. Remplacez-les par deux jolies perles rondes. Agrandissez un des trous de la perle au diamètre du manche de la cuillère. Collez la perle sur le manche. Laissez sécher.

Dans l'autre trou de la perle, vissez et collez le minipiton.

Assemblez les deux pitons par un anneau.

Collier Spoon

IDÉAL POUR LES FÊTES LES PLUS BRANCHÉES,
UN RAS DU COU MARTELÉ AVEC DES CUILLÈRES À COCKTAIL !

Collier du maharadjah

NE LÉSINEZ PAS SUR LE NOMBRE DE BRELOQUES CAR TOUT LE CHARME DE CE COLLIER RÉSIDE DANS L'EXCÈS.

FOURNITURES

- Collier à plusieurs rangs de chaîne
- Morceaux de colliers cassés, bijoux dépareillés, petites médailles
- Petits anneaux
- Pince ronde
- Pince plate
- Miniperceuse

1. Préparation

Sélectionnez les parties les plus intéressantes de vos bijoux cassés.

Percez les éléments ne possédant pas d'attache.

2. Montage

Ôtez une section de chaîne sur le sautoir et remplacez-la par un morceau de chaîne fantaisie de la même longueur.

Renouvelez l'opération sur plusieurs endroits avec des chaînes aux maillons différents.

Répartissez le long du collier vos petits éléments de récupération en plaçant les plus lourds en bas.

Fixez-les à l'aide de l'apprêt d'origine ou grâce à un petit anneau enfilé dans le trou que vous aurez percé.

FOURNITURES

- 15 capsules non imprimées
- Pinces plates
- Marteau
- Support dur servant d'enclume
- Perceuse et brosse circulaire sur tige
- Vernis et pinceau
- Miniperceuse et mèche
- Anneaux argent ovales
- 2 anneaux argent ronds
- Chaîne argent
- Fermoir argent aimanté

1. Préparation des capsules

Les capsules utilisées ici ne sont pas imprimées mais recouvertes de fin papier d'aluminium blanc. Enlevez-le grossièrement en le grattant. À l'aide d'une pince, recourbez les dents de la capsule vers l'intérieur. Avec le marteau, aplatissez complètement la capsule : il faut la rendre la plus plate possible, endroit comme envers.

Avec la perceuse munie de la brosse circulaire, enlevez le papier restant et patinez la capsule en la ponçant. Puis, par frottements appuyés, enlevez le caoutchouc qui garnit l'intérieur de la capsule.

Vernissez les capsules pour les protéger de la rouille. Laissez sécher.

2. Montage

Avec la miniperceuse, perforez deux trous dans chaque capsule pour pouvoir ensuite les assembler les unes aux autres. Attention, les capsules en bas du collier ne sont pas perforées dans leur partie inférieure.

Procédez colonne par colonne : percez les cinq capsules à la suite. Assemblez-les verticalement avec des anneaux ovales. Réalisez ainsi les trois colonnes. Disposez-les côte à côte afin de définir l'emplacement des attaches. Percez et assemblez les colonnes de capsules entre elles.

Paco

QUI IMAGINERAIT QUE DERRIÈRE CE PLASTRON D'EXCEPTION SE CACHENT DE TRÈS ORDINAIRES CAPSULES MÉTALLIQUES ?

3. Finitions

Coupez une chaîne de 35 cm environ (longueur à adapter selon l'effet que vous recherchez). Accrochez aux deux extrémités le fermoir aimanté.

Au milieu de la chaîne, accrochez avec deux anneaux ronds la capsule centrale du plastron. Fixez ensuite, de part et d'autre, le reste des capsules avec des anneaux ovales.

Variante

Procédez de manière identique au collier en assemblant trois capsules verticalement et en fixant à la colle bicomposant une attache pour boucles d'oreilles non percées.

Bagues des remparts

PATINÉES PAR LE TEMPS, CES BAGUES RESSEMBLENT À DES VESTIGES D'UN PASSÉ LOINTAIN.

1. Réalisation

Les bagues sont réalisées comme le collier, mais avec des capsules imprimées.

L'une est réalisée à partir d'une capsule complètement rouillée. Aplatissez-la, vernissez-la et montez-la sur un support bague.

L'autre est composée d'une capsule dont les dents sont visibles. Avant de les écraser vers le centre de la capsule, intégrez un morceau de métal imprimé au milieu. Pliez les dents de la capsule et aplatissez au marteau.

Avec la brosse circulaire, enlevez partiellement les impressions. Vernissez. Laissez sécher.

2. Montage

Montez-la sur un support bague en collant à l'Araldite bicomposant.

Barrettes « Tea-time »

DE LA BOÎTE EN MÉTAL ANCIENNE À CELLE DE L'ÉPICERIE FINE, TOUS LES DÉTOURNEMENTS SONT POSSIBLES.

FOURNITURES

- Boîtes métalliques avec de jolis motifs
- Petite cisaille à métal
- Supports de barrettes
- Colle bicomposant à prise rapide
- Cutter
- Pâte polymère
- Rouleau à pâtisserie

1. Réalisation

Découpez la boîte en métal avec les cisailles de façon à enlever les bords et à pouvoir la mettre à plat. Coupez dans le métal un rectangle plus grand que le support de la barrette.

Pétrissez et aplatissez la pâte polymère en une plaque de 2 mm d'épaisseur. Posez le rectangle en métal par dessus. Roulez la pâte en un boudin de 3 mm de diamètre. Appliquez-le à cheval sur le rebord du rectangle en métal. Pressez le boudin avec le rouleau à pâtisserie pour le faire adhérer avec le fond. Recoupez le contour de la forme au cutter afin d'obtenir un bord de 5 mm environ. Cuisez selon les indications du fabricant.

2. Montage

Courbez délicatement la plaque et posez-la sur le support de barrette dans le four. Cuisez selon les indications du fabricant. Laissez refroidir.

Collez l'attache de barrette avec la colle bicomposant.

Astuce

Passez un coton légèrement imbibé d'acétone sur la pâte refroidie de façon à lisser les éventuelles empreintes de doigt.

BREAKFAST
ASSAM CEYLAN
4 O'CLOCK P.M.

FOURNITURES

- 61 rondelles plates en inox diamètre 6 mm
- Perles à écraser
- 2 mètres de fil câblé coloré.
- Pince plate

1. Montage

Enfilez successivement une perle à écraser et une rondelle. Repassez le cable dans une perle à écraser. Bloquez-les à 20 cm de l'extrémité.

Renouvelez l'opération avec 6 rondelles fixées successivement sur le câble. Groupez-les le plus possible.

Laissez un espace de 8 cm et réalisez un nouveau groupe de rondelles.

Le nombre de rondelles est le suivant :

6-8-10-12-10-8-6, à chaque fois espacées par 8 cm de fil.

2. Finitions

Déterminez la longueur du collier de façon à pouvoir le passer par la tête, ajoutez 2 cm et coupez le câble.

Enfilez une perle à écraser et une rondelle à une extrémité. Repassez le fil dans la perle à écraser et bloquez.

Enfilez une perle à écraser à l'autre extrémité du collier. Passez dans la rondelle que vous venez de fixer, repassez dans la perle à écraser et bloquez.

Rondelles Pop

FABRIQUÉ AVEC TROIS FOIS RIEN, UN COLLIER MODERNE ET AÉRIEN.

Samedi ? ça m'dit !

POUR TOUS LES JOURS DE LA SEMAINE, Y COMPRIS LE WEEK-END, CHOISISSEZ UN SEMAINIER, TRANSFORMÉ EN PENDENTIF LÉGER.

FOURNITURES

- 4 bracelets de petite taille, 1 de grande taille
- Fil d'argent fin
- Fil d'argent moyen
- Fil d'étain
- Fer à souder électrique
- Gants de protection (en peau)
- Pince coupante
- Gros cache-nœud
- Anneau
- Pince ronde
- Pince plate
- Ras-du-cou rigide
- Marteau

1. Fixation des anneaux

Superposez deux anneaux ensemble en les décalant l'un par rapport à l'autre. Avec le fil d'argent fin, ligaturez une des intersections en serrant bien fort. Ligaturez l'autre intersection.

Superposez un autre bracelet sur le montage précédemment réalisé et attachez-le aux croisements des deux premiers bracelets. Réalisez ainsi un montage de quatre bracelets de petite taille suivi d'un autre de grande taille.

2. Réalisation du petit anneau

Entourez un objet arrondi (manche, tube...) d'un tour de fil d'argent moyen. Coupez le cercle obtenu. Joignez les extrémités du cercle afin qu'elles se touchent.

Munissez-vous de gants de protection. Faites chauffer le fer à souder. Faites fondre un peu d'étain et déposez-le sur les extrémités pour fermer l'anneau d'argent. Laissez refroidir.

Assemblez le petit anneau ainsi réalisé au sommet du montage en le ligaturant avec du fil métal fin.

3. Finitions

Fixez l'ensemble des anneaux avec un cache-nœud.

Tapez le ras-du-cou avec un marteau pour lui donner un aspect martelé. Évitez de marteler le collier au niveau de l'accroche car vous risquez d'abîmer le pas de vis. Dévissez la boule, enfilez le pendentif sur le collier. Revissez la boule.

Fournitures

- Couvercles de boîtes de conserve avec relief et chiffres emboutis
- Pâtes polymères bordeaux, rouge, vieux rose
- Chaîne fantaisie de 20 cm
- 7 gros anneaux assortis
- Petite cisaille à métal
- Pinces
- Cutter
- Rouleau à pâtisserie

1. Réalisation des motifs

Découpez vos petits motifs à la cisaille dans le métal. Pétrissez et aplatissez la pâte polymère en une plaque de 2 mm d'épaisseur. Posez la forme en métal dessus. Roulez la pâte en un boudin de 3 mm de diamètre. Appliquez-le à cheval sur le rebord du motif en métal. Pressez le boudin avec le rouleau à pâtisserie pour le faire adhérer avec le fond. Recoupez au cutter le contour de la forme afin d'obtenir un bord de 3 mm environ. Percez un trou dans la pâte en haut du médaillon de façon à y passer un gros anneau. Cuisez selon les indications du fabricant.

2. Montage

Déterminez la bonne longueur du bracelet et fixez le fermoir. Insérez un anneau dans chaque médaille. Fixez-les au bracelet grâce aux anneaux.

Agrandissez les patrons à 120 %.

Conserves au naturel

CRÉEZ VOS SYMBOLES PORTE-BONHEUR AVEC DES BRELOQUES EN MÉTAL SERTIES DE COULEUR.

papier

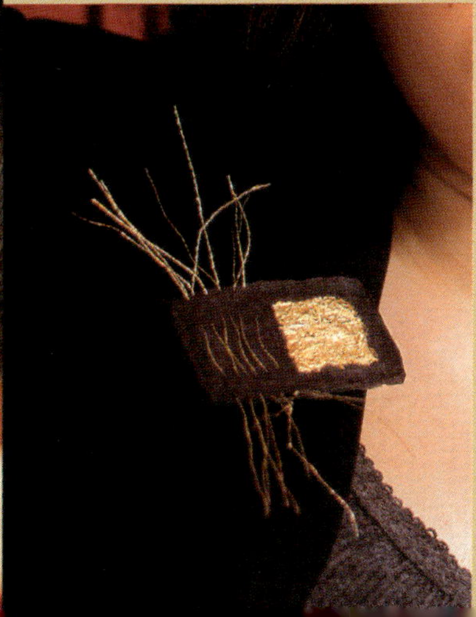

Collier Klimt

UN BIJOU LÉGER ET ÉTINCELANT RÉALISÉ À PARTIR DE PAPIERS BRILLANTS.

FOURNITURES

- Papier crépon or et argent
- Papier de soie marron et noir
- Ciseaux
- Adhésif double face
- Fil or et aiguille
- Carton fin
- Colle vinylique
- Petit pistolet à colle (facultatif)
- Bâtons transparents de colle à chaud
- Vernis incolore
- Ras-du-cou en métal

1. Réalisation des bandes

Découpez des bandes de papier de 15 cm de long environ sur 2 cm de large dans le crépon et sur 3 cm de large dans le papier de soie. Repliez les bandes de papier sur elles-mêmes de façon à obtenir des bandes de 5 mm de large.

2. Réalisation des spirales

Enroulez le papier en spirale en serrant bien dès le début. Collez une languette de 3 mm d'adhésif double face afin de terminer le collage de la première bande. Laissez dépasser un peu de double face afin de coller la bande suivante. Réalisez des cercles concentriques en alternant les couleurs de papiers.

3. Réalisation des carrés et des rectangles

Pour créer des carrés ou des rectangles, faites le centre comme indiqué ci-dessus, et comprimez la forme avec les doigts pour la rendre anguleuse. Pour les couches suivantes, surtout s'il s'agit de papier crépon, marquez l'angle en pinçant la bande au fur et à mesure de l'enroulement. Terminez chaque bande au niveau d'un angle avec un petit morceau de double face.

4. Réalisation des anneaux

Pour réaliser un anneau de papier, démarrez la première bande bien serrée autour d'un manche de crayon ou de pinceau selon la taille du trou désiré. À la fin de la bande, déposez de l'adhésif double face.

Dégagez le rouleau obtenu du manche support. Augmentez la taille de l'anneau en collant une bande de papier sur le double face posé précédemment. Réalisez cette opération à plat sur une table.

5. Ligatures

Ligaturez avec le fil or certaines parties comme les angles ou ligaturez en étoile du centre vers la partie externe de la bande.

6. Assemblage

Quand vous avez réalisé plusieurs modules, collez-les délicatement entre eux à l'aide du pistolet à colle ou à défaut avec du double face.

Posez l'ensemble sur un carton fin et dessinez le contour très précis du médaillon. Recouvrez le carton de papier crépon argent. Rabattez environ 3 mm de papier sur l'envers du carton en soignant particulièrement les angles.

7. Attache

Découpez une bande de 3 x 0,5 cm dans le carton fin. Gainez-la de papier crépon argent. Avec le pistolet à colle, fixez une extrémité de l'attache sur le carton support. Collez le médaillon par-dessus l'attache. Retournez l'ensemble de la réalisation et collez l'autre extrémité de l'attache au dos du pendentif. Recouvrez l'envers du carton avec du papier crépon argent.

8. Finitions

Pour consolider l'ensemble, passez une couche de vernis incolore en évitant le papier de soie si vous voulez en garder l'aspect mat.

Dévissez la boule du ras-du-cou, glissez le pendentif par son attache et revissez l'extrémité.

Les anneaux carrés

LA RIGUEUR DE LA GÉOMÉTRIE DÉTOURNÉE EN UN COLLIER AJOURÉ ET AÉRIEN...

FOURNITURES

- Papier crépon or et argent
- Papier de soie marron et noir
- Ciseaux
- Adhésif double face
- Fil or et argent, aiguille
- Vernis incolore
- 4 anneaux
- 4 perles à écraser
- 40 cm de fil câblé
- Fermoir

1. Préparation des bandes

Procédez comme pour le collier Klimt, p.72.

2. Réalisation des anneaux

Ce collier est confectionné à partir d'anneaux ligaturés ensemble. Pour faire un anneau, enroulez le papier autour d'une baguette. Ôtez-le du support. Continuez l'enroulement des autres bandes de papier à plat sur une table.

3. Assemblage des formes

Créez des configurations dissymétriques en assemblant des formes, par exemple trois petits carrés avec un grand carré. Terminez par des anneaux de papier plus petits. Ligaturez les anneaux entre eux avec des fils dorés ou argentés. La forme générale du collier doit être courbe pour suivre la forme du cou.

4. Montage

Cousez un petit anneau en métal à chaque extrémité du collier. Déterminez la longueur de celui-ci. Coupez un morceau de fil câblé de la même longueur en rajoutant 2 centimètres. Coupez ce fil en deux. Assemblez chacune des sections aux anneaux métalliques en glissant le fil câblé dans une perle à écraser. Bloquez la perle. Rajoutez un fermoir de la même manière.

5. Finitions

Passez une couche de vernis incolore pour consolider et protéger l'ensemble.

La pièce manquante

UN PUZZLE ORPHELIN DE QUELQUES PIÈCES RETROUVE ICI UNE SECONDE JEUNESSE.

FOURNITURES

- Petites pièces d'un puzzle
- Peinture noire en bombe
- Miniperceuse, mèche et planche support
- Feutre noir
- Anneaux
- Pinces
- Fermoir à vis

VARIANTE

Les boucles d'oreilles sont simplement réalisées avec une pièce de puzzle bombée en rouge et montée sur un anneau rond.

1. Peinture des pièces

Sélectionnez des pièces de puzzle pouvant s'accrocher les unes aux autres. Placez-les à l'envers dans une boîte en carton et bombez-les d'une seule couche de peinture. Laissez sécher.

Retournez les pièces de puzzle et bombez-les de plusieurs couches successives de peinture jusqu'à saturation : vous devez obtenir un aspect laqué. Laissez sécher.

2. Perçage

Percez les pièces de puzzle aux extrémités. Le carton peut alors apparaître : pour le camoufler, coloriez le trou avec la pointe d'un feutre noir.

Attention, ne percez qu'une seule fois les pièces qui se trouveront en fin de pendeloque.

3. Montage

Utilisez les pinces pour ouvrir les anneaux et pour raccorder les pièces de puzzle les unes aux autres.

Réalisez un tour du cou avec un nombre impair de pièces (dans notre cas, 17 pièces sont utilisées, mais tout dépend de la longueur voulue et de la taille du cou). Posez un fermoir à vis.

Réalisez les pendeloques : celle du centre, constituée de 4 pièces, se place au milieu du tour du cou. Placez ensuite de part et d'autre deux pendeloques de 3 pièces, deux de 2 pièces, deux de 1 pièce.

Gazette

LES NOUVELLES DU JOUR TISSÉES EN UNE BROCHE ÉCHEVELÉE.

FOURNITURES

- Journal
- Fil noir
- Attache de broche
- Colle bicomposant à prise rapide

1. Réalisation des bandes

Déchirez des bandes de papier journal de 3 cm de large environ. Torsadez chaque bande de journal sur elle-même de façon bien serrée afin d'obtenir une sorte de ficelle de papier. Entourez ces ficelles de fil noir de façon plus ou moins irrégulière. Terminez le fil noir par un nœud.

2. Tissage des bandes

Disposez verticalement 6 ficelles de papier les unes à côté des autres : elles correspondent à des fils de trame. Prenez une autre ficelle de journal qui représente le fil de chaîne. Passez cette ficelle perpendiculairement une fois dessus, une fois dessous les ficelles verticales de façon à réaliser une sorte de tissage. Faites ainsi un rectangle de papier tissé de 8 cm de long environ. Laissez les franges dépasser.

Arrêtez le tissage en faisant un nœud avec la ficelle placée horizontalement et avec une des ficelles verticales. Ne tirez pas trop sur le nœud pour ne pas déchirer le papier.

3. Finitions

Sur l'envers, déposez un peu de colle sur le haut et le bas du rectangle afin de consolider le bijou.

Collez une attache de broche à la colle bicomposant.

Jolis coquelicots, Mesdames

ÉPHÉMÈRES ET FLAMBOYANTS, CES COQUELICOTS SE PORTERONT EN TOUTE SAISON.

FOURNITURES

- Papier chiffon rouge, orange, noir, rose
- Colle blanche vinylique
- Perles à facettes noires de 0,5 cm de diamètre
- Vernis mat en bombe

Pour la barrette

- Encre acrylique rouge foncé
- Pinceau brosse fin
- Barrette rectangulaire
- Colle à chaud
- Petit pistolet à colle

Pour les boucles d'oreille

- Perles de rocaille noires
- Clous de jontion
- Perles longues vertes pour la tige
- Apprêt boucles pour oreilles percées

1. Réalisation des fleurs

Déchirez des ronds de tailles croissantes dans les papiers rouge, rose et orange (5 cm de diamètre au maximum).
Trois ronds sont nécessaires par fleur ; pour obtenir un effet plus nuancé, passez un peu d'encre acrylique du cœur vers l'extérieur.
Déchirez un rond de 2 cm dans le papier noir et frangez le bord avec les doigts.
Superposez les ronds et froissez-les en cornet.

2. Montage sur barrette

Assemblez les ronds de papier au pistolet à colle les uns sur les autres en terminant par le papier noir. Collez délicatement la perle à facettes dans le cœur.
Réalisez assez de fleurs pour recouvrir la barrette en serrant les fleurs les unes contre les autres.
Fixez les fleurs soigneusement au pistolet à colle sur la barrette. Vaporisez l'ensemble au vernis mat.

3. Montage sur boucles d'oreilles

Enfilez la perle à facette sur l'épingle. Posez un peu de colle sur la perle, enfilez et plaquez le cœur de papier noir sur la perle. Enfilez et collez les autres pétales contre le cœur. Pliez la tige à angle droit, enfilez-y les perles vertes. Faites un anneau à l'extrémité et glissez-le dans la boucle d'oreille. Avec un cure-dent, déposez de petites gouttes de colle vinylique autour du cœur. Posez-y des petites perles de rocaille. Laissez sécher et vaporisez du vernis mat.

FOURNITURES

- Boîtes à œufs
- Robot mixer
- Bassine
- Passoire ou chinois
- Colle vinylique
- Peinture acrylique noire ou colorant universel noir
- Récipient
- Feuille plastique (type intercalaire)
- Couteau ou couteau à peindre
- Ciseaux
- Papier de bonbon
- Fil doré
- Attache de broche
- Colle bicomposant à prise rapide

1. Réalisation du papier mâché

Déchirez la boîte à œufs en petits morceaux dans une bassine remplie d'eau. Broyez le papier à l'aide d'un robot mixer. Il ne doit plus subsister de morceaux de papier.

Passez le mélange obtenu dans le chinois pour ne garder que la pulpe. Essorez l'eau afin d'obtenir une pulpe humide mais non imbibée d'eau.

Rajoutez de la colle vinylique. Mélangez bien de façon à obtenir une pâte collante. Pour teinter le papier mâché dans la masse, rajoutez de la peinture acrylique noire ou du colorant universel. Mélangez le tout.

Papillote

UNE BROCHE LÉGÈRE TOUT EN PAPIER QUI MARIE MATIÈRES MATES ET BRILLANTES.

2. Réalisation et décor du rectangle

Déposez un tas de pâte sur la feuille plastique. Avec le couteau, aplatissez la matière pour la rendre la plus compacte possible. Avec la lame, rassemblez la pâte pour lui donner petit à petit la forme d'un rectangle.

Découpez un carré de papier de bonbon doré. Posez-le sur le papier mâché. Déposez un peu de pâte tout autour pour maintenir le papier dans la pâte à papier. Lissez au maximum la surface du papier mâché avec la lame du couteau.

Coupez plusieurs fils dorés de 10 cm de long. Alignez-les sur le papier mâché, les uns au-dessus des autres. Pour les fixer dans la pâte à papier, déposez un peu de pâte perpendiculairement aux fils sur le bord de la broche. Lissez la pâte avec la lame du couteau. Laissez sécher.

3. Finitions

Avec la colle bicomposant, fixez une attache de broche au dos du rectangle.

Fournitures pour la barrette

- Colorant rouge
- Papiers imprimés
- Supports de barrette
- Tampon et encreur

1. Réalisation du papier mâché

Fabriquez le papier mâché comme pour la broche (p. 82), mais en ajoutant du colorant rouge.

Réalisez un rectangle un peu plus grand que l'attache de barrette. Incluez des papiers imprimés comme pour la broche.

Vous pouvez aussi, si vous le souhaitez, imprimer un tampon et l'appliquer dans le papier.

Commencez par laisser sécher votre rectangle à plat, puis, quand le papier est devenu un peu plus facile à manipuler sans se casser, déposez-le sur un support courbe pour qu'il en prenne la forme (une barrette existante est idéale).

2. Montage

Collez l'attache à la colle Araldite bicomposant.

Barrette rouge de Chine

QUAND LE ROUGE DE CHINE REHAUSSE LES REFLETS MORDORÉS D'UNE BRUNE CHEVELURE.

nature

FOURNITURES

- Fragments d'écorce (épaisseur environ 5 mm)
- Sécateur
- 5 à 6 pastilles à coller à 2 canaux
- Cordonnet doré
- Fermoir à mousqueton
- Colle bicomposant à prise rapide
- Feuille d'or
- Mixtion à dorer
- Cure-dent
- Vernis mat
- Pinceaux

1. Réalisation

Coupez avec le sécateur des morceaux d'écorce suffisamment grands pour cacher la pastille. Déterminez la longueur nécessaire pour votre poignet.

Vernissez largement les morceaux sur toutes les faces. Laissez sécher.

Collez les pastilles sous les morceaux d'écorce. Laissez sécher.

Avec un pinceau fin, appliquez de la mixtion à dorer sur certaines parties de l'écorce. Laissez sécher le temps indiqué par le fabricant. Déposez délicatement au pinceau des fragments de feuille d'or sur la colle. Avec un pinceau, tapotez doucement la feuille d'or pour bien la faire adhérer au support. Laissez sécher. Enlevez l'excédent avec un pinceau sec.

2. Montage

Coupez 50 cm de cordonnet doré. Glissez un anneau jusqu'au milieu de la longueur du fil. Bloquez-le avec une perle à écraser et passez les fils dans les canaux. Serrez bien les morceaux les uns contre les autres. Enfilez une perle à écraser à chaque extrémité et glissez les deux bouts du cordonnet dans l'anneau du mousqueton. Repassez dans les perles à écraser. Bloquez et coupez au ras.

Écorce étincelante

UN ÉLÉGANT BRACELET D'ÉCORCE ET DE FEUILLES DORÉES.

Bracelets d'osier

DE LA CHAISE AU POIGNET, L'OSIER TRESSÉ SE TRANSFORME EN BRACELET.

FOURNITURES

- Morceaux de cannage de chaise
- Ciseaux
- Ruban autocollant d'étain de 3 mm de large (utilisé comme finition pour les abat-jour)
- Pince plate
- Biais marron de 2 cm de large
- Adhésif double face
- Machine à coudre et fil
- 2 embouts plats à pincer munis d'anneau
- Anneaux ovales
- Fermoir à pression

1. Réalisation du rectangle

Découpez un rectangle de cannage de 6,5 x 18 cm pour le grand modèle et de 4 x 18 cm pour le petit. Pour rigidifier les bords, collez tout autour du cannage le ruban autocollant d'étain. Débutez le collage de la bande d'étain à environ 1,5 cm après un angle, puis collez-le en suivant bien le ras du cannage. Au niveau des angles, le métal est suffisamment souple pour suivre l'arrondi. Une fois le tour du rectangle terminé, écrasez le ruban d'étain contre le cannage avec une pince plate pour bien le faire adhérer. Recoupez à ras le cannage qui dépasse, en particulier dans les angles, qui deviennent arrondis.

2. Pose du biais

Tendez le biais à l'envers entre deux poids. Déposez de l'adhésif double face le long du biais. Collez le biais à cheval sur le rebord du cannage de façon à cacher la bande d'étain. Procédez en enlevant petit à petit la pellicule protectrice de l'adhésif. Vous aurez pris soin de débuter le biais à un endroit différent du raccord de la bande d'étain.

Cousez au point droit le biais autour du cannage. Attention, ne cousez pas sur la bande d'étain, vous risqueriez de casser l'aiguille de la machine.

3. Finitions

Pincez un embout plat à chaque extrémité du rectangle. Posez un anneau ovale puis le fermoir.

Cliquetant des îles

LE DOUX MURMURE DE CES COQUILLAGES POUR ÉVOQUER LES PAYSAGES IDYLLIQUES DE BORA BORA.

FOURNITURES

- 6 colliers de petits coquillages
- 100 cm de lacet de cuir noir
- Fermoir noir (anneau et barre)
- 4 embouts à pincer avec anneau argent
- 3 barres à 9 trous
- 2 anneaux de 5 mm de diamètre
- 4 petits anneaux de métal de 3 mm de diamètre
- Perles à écraser
- Bombe de peinture noire satinée
- Pince plate
- Pince ronde
- Ruban adhésif
- Colle universelle

Astuce

Si vous n'avez pas eu l'occasion de voyager dans les îles du Pacifique, d'autres l'ont fait pour vous ! Et vous trouverez des colliers de coquillages, à très bas prix, dans des vide-greniers.

1. Préparation

Coupez dans les colliers de coquillages 27 morceaux de 16 cm de long. Dégagez un coquillage à l'extrémité de chaque section.

Bloquez le dernier coquillage avec une perle à écraser et coupez le fil au ras de la perle. À l'autre extrémité, ôtez un ou deux coquillages pour obtenir 2 cm de fil. Bloquez provisoirement avec un morceau d'adhésif replié sur le fil.

Bombez les sections de colliers à la peinture noire, en les retournant dans tous les sens les recouvrir entièrement. Laissez sécher.

Pour conserver un coquillage dans sa couleur naturelle, protégez-le d'adhésif avant de le bomber.

2. Montage

Enlevez l'adhésif à l'extrémité du tronçon et enfilez une perle à écraser. Passez le fil dans le premier anneau de la barre et repassez dans la perle à écraser. Écrasez la perle et coupez le fil au ras.

Opérez de la sorte pour tous les morceaux.

Reliez les trois barres par un petit anneau.

Déterminez la longueur désirée pour le collier. Coupez trois morceaux de lacet par côté. Pincez les trois lacets dans un embout en ajoutant une goutte de colle. Procédez ainsi pour chaque extrémité du collier. Raccordez aux barres et au fermoir par de petits anneaux.

FOURNITURES

- Morceau de bois flotté
- Perceuse et mèches à bois
- Bille en verre
- Colle bicomposant
- Anneau
- Pinces
- Kit de collier en filin métallique

1. Installation de la bille

Percez délicatement le bois en agrandissant le trou petit à petit. Terminez avec la mèche à bois correspondant à un diamètre légèrement inférieur au diamètre de la bille (environ mèche n° 14).

Appliquez un peu de colle dans l'épaisseur du bois au niveau du trou. Enfoncez la bille en force. Laissez sécher.

2. Montage

Percez l'extrémité supérieure du bois flotté et posez un anneau. Glissez sur le filin métallique. Pincez l'embout fixé au fermoir.

Rivage

RAMASSÉ SUR LA PLAGE, CE BOIS FLOTTÉ S'ORNE D'UNE BILLE DE VERRE QUI LE REHAUSSE D'UN ÉCLAT MORDORÉ.

Collier Robinson

POUR RÉVEILLER LA SAUVAGEONNE QUI SOMMEILLE EN VOUS, IL SUFFIT D'UN PEU DE FICELLE ET DE BAMBOU...

FOURNITURES

- 2 anses de sac en bambou courbé
- Ficelle fine de lin
- Petites perles en bois
- Petit bouton de bois d'1 cm de diamètre
- Scie à métaux
- Étau
- Miniperceuse et mèche
- Colle à bois

1. Perçage

Percez un trou à chaque extrémité d'une des anses, à 3 mm du bord. Dans la seconde anse, coupez deux morceaux de 8 cm et de 6 cm.
Au milieu de la première anse, percez trois trous espacés de 1 cm. Faites de même pour les deux autres tronçons.

2. Montage

Coupez 6 morceaux de ficelle de 10 cm. Enfilez deux des brins dans une petite perle de bois et centrez-la. Glissez ce montage dans le trou percé au centre de l'anse.
Renouvelez l'opération avec les deux autres trous. Bloquez les ficelles par un petit nœud sous l'anse. Enfilez dans le premier morceau de bambou. Bloquez avec un nœud.
Pratiquez de la même manière avec le dernier morceau de bambou.
Enfilez des petites perles sur les ficelles qui dépassent et bloquez par un nœud.

3. Montage du collier

Coupez 16 cm de ficelle. Passez-la en double dans les trous percés aux extrémités de l'anse. Faites un nœud. Passez une perle en bois. Faites un nœud.
Réalisez une boucle en nouant la ficelle à la longueur désirée pour votre collier. Coupez court les chutes de ficelle sauf un brin, que vous collez bien serré de façon à cacher le nœud de l'autre côté. Enfilez le bouton de bois. Faites un nœud de 1 cm sous le bouton. Cachez le nœud de la même façon.

Collier Mirza

TOUT DROIT SORTIS DE LA MARMITE, CES OS DE BŒUF OFFRENT UNE MATIÈRE PROCHE DE L'IVOIRE.

FOURNITURES

- Os à moelle
- Étau
- Scie à métaux
- Perceuse et disque abrasif
- Miniperceuse, meules et mèches
- Crayon à papier
- Fer à souder électrique
- Fil d'argent
- Fil d'étain
- Planche support
- Gants de protection (en peau)
- Pinces plates
- Pince coupante
- Fermoir circulaire à pincer

1. Sélection et nettoyage des os

Utilisez uniquement des os de bœuf et choisissez-les d'un diamètre de 3 à 4 cm, ainsi qu'un petit os de 1 cm de diamètre environ. Lavez-les et éliminez soigneusement toutes traces de moelle et de viande. N'hésitez pas à passer les os au lave-vaisselle. Laissez-les sécher.

2. Découpes

Placez l'os dans l'étau de façon à le maintenir solidement lors de la découpe. Coupez-le en tranches de 6 à 8 mm d'épaisseur avec la scie à métaux. Découpez ainsi une douzaine de rondelles dans différents os pour obtenir des formes variées.

3. Ponçage

Avec la perceuse munie d'un disque abrasif, poncez l'intégralité de la partie extérieure de l'os. Insistez particulièrement sur les arrêtes afin de les adoucir. De même, poncez l'intérieur de la rondelle avec la miniperceuse munie de sa petite meule. Il ne doit plus subsister de matière spongieuse.

Préparez ainsi l'ensemble des grandes et des petites rondelles.

4. Montage

Pour le montage, il faut procéder os par os, attache après attache.

Placez deux rondelles d'os l'une à côté de l'autre.

Avec un crayon, marquez un repère à l'emplacement de la jonction à réaliser. Percez un trou dans l'épaisseur de chacune des rondelles au niveau du repère.

Coupez quelques centimètres de fil d'argent de façon à traverser les trous des deux os (environ 2 cm pour notre modèle). Munissez-vous de gants de protection en peau. Faites chauffer le fer à souder. Faites fondre une petite boule d'étain et déposez cette goutte sur une des extrémités du fil d'argent. Placez le fil d'argent à travers les trous des rondelles. Coupez l'excédent de fil d'argent pour adapter parfaitement sa dimension. Chauffez à nouveau une goutte d'étain et déposez-la avec précaution sur l'autre extrémité du fil d'argent. Cette opération est un peu délicate et nécessite de la patience. N'oubliez pas que le simple fait de déposer une goutte d'étain sur le fil d'argent chauffe la totalité de ce fil. C'est pourquoi des gants, voire des pinces, sont indispensables pour tenir le fil.

Réalisez ainsi la totalité des jonctions pour tenir les rondelles entre elles. Les os de la partie inférieure du plastron sont donc percés en plusieurs endroits pour réaliser les différentes attaches nécessaires.

Aux extrémités du collier, installez la succession de petites rondelles d'os.

5. Finitions

Dans les deux dernières rondelles, laissez sortir le fil d'argent de façon à l'enfiler dans le fermoir circulaire. Pincez très fort pour coincer solidement le fil dans le fermoir.

Bracelet sauvage

LA BEAUTÉ MATE D'UN MATÉRIAU SUPRENANT POUR HABILLER DÉLICATEMENT VOS JOLIS POIGNETS.

FOURNITURES

- Os à moelle
- Étau
- Scie à métaux
- Scie à chantourner
- Perceuse et disque abrasif
- Miniperceuse et mèches
- Crayon à papier
- 30 cm environ de cordonnet fin marron
- Pince plate et pince coupante
- Fermoir

1. Découpe des formes

Placez l'os dans l'étau de manière qu'il ne bouge pas pendant la découpe. Avec la scie à métaux, coupez-le dans le sens de sa hauteur de façon à obtenir une surface rectangulaire plus ou moins plane.

Avec la scie à chantourner, coupez le long de ce morceau des petits parallélépipèdes d'os. Procédez doucement pour ne pas casser la lame de la scie. Coupez suffisamment de morceaux pour faire le tour du poignet (attention, n'oubliez pas de compter la place que prend un fermoir).

Avec la perceuse munie d'un disque abrasif, poncez chaque élément, de façon à faire ressortir sa matière. Insistez en particulier sur les arêtes afin de les adoucir.

2. Montage du bracelet

Posez les morceaux côte à côte et marquez au crayon l'emplacement des trous, deux en haut, deux en bas. Percez les trous à la miniperceuse. Les morceaux qui seront placés aux extrémités du bracelet doivent être percés d'un cinquième trou centré au bord pour pouvoir y accrocher le fermoir.

Enfilez chacune des extrémités du cordonnet sous la première perle en os. Ressortez le fil par-dessus, passez-le dans le deuxième trou de la perle. Enfilez-le à nouveau par-dessous, etc. Réalisez ainsi le montage complet. Pour finir, réunissez les deux extrémités du cordon par un nœud bien serré sous le bracelet.

Posez un anneau dans chacun des trous placés au milieu de la perle placée à l'extrémité. Accrochez un fermoir.

minéral

Noire ardoise

LA BEAUTÉ BRUTE DE LA PIERRE POUR DES BIJOUX AU CHARME DÉPOUILLÉ.

FOURNITURES

- Morceaux d'ardoise
- Papier de verre
- Pastille à coller à 2 canaux
- Gros fil câblé de 60 cm
- 4 grosses perles à écraser
- Fermoir
- Ruban adhésif
- Mixtion à dorer
- Pinceaux
- Feuille d'argent
- Vernis à ongles incolore
- Pince plate
- Colle bicomposant à prise rapide

Pour la bague

- Support de bague
- Perforatrice

Astuce

En appliquant le vernis à ongles incolore sur la feuille d'argent, vous éviterez qu'elle ne s'oxyde.

RÉALISATION DU COLLIER

1. Le motif

Poncez si nécessaire le morceau d'ardoise pour en arrondir les bords. Délimitez au ruban adhésif trois côtés d'un rectangle au centre de votre ardoise. Remplissez au pinceau avec la mixtion à dorer. Vers le haut de l'ardoise, déposez en dégradé un peu de mixtion à dorer. Laissez sécher. Appliquez au pinceau la feuille d'argent.

Attendez une heure avant d'ôter délicatement l'adhésif. Ôtez l'excédent d'argent avec un pinceau sec. Collez la pastille au dos de l'ardoise. Laissez sécher.

2. Le montage

Passez le câble dans le canal du haut de la pastille. Déterminez la longueur du collier. Enfilez les 2 perles à écraser à l'extrémité du câble, passez dans l'anneau du fermoir et repassez dans la première perle. Écrasez et coupez le câble au ras.

Cachez les petits brins qui dépassent avec la seconde perle que vous écraserez sous la première.

RÉALISATION DE LA BAGUE

Tracez le contour de l'ardoise sur l'adhésif épais. Coupez-le, perforez-le de quelques trous. Plaquez l'adhésif sur l'ardoise en pressant fortement. Appliquez la mixtion à dorer sur la partie supérieure, y compris les tranches. Attendez 15 mn. Posez la feuille d'argent avec un pinceau. Attendez 1 heure avant d'ôter l'adhésif. Enlevez le surplus d'argent avec un pinceau sec.

Collez au dos le support de bague.

FOURNITURES

- 3 verres de lunettes de soleil
- Pinces
- Miniperceuse et mèches en tungstène
- Planche support
- Mixtion à dorer
- Feuille d'argent
- Vernis à ongles incolore
- Pinceaux
- Anneaux
- 2 tubes courbes de séparation
- Ras-du-cou rigide

1. Perçage des verres

Dégagez les verres de leur monture. Nettoyez-les à l'eau chaude. Séchez-les.

Placez un verre sur une planche. Percez un trou très délicatement avec une mèche de petit diamètre en haut du verre. Agrandissez le trou avec une mèche d'un diamètre supérieur.

Vous pouvez aussi demander à un opticien de percer le verre, car ils sont outillés pour réaliser ce genre d'opération. Si vous utilisez des verres en matière plastique, il n'y a aucun problème de perçage. Percez les trois verres.

2. Pose de la feuille d'argent

Avec un pinceau fin, déposez de la mixtion à dorer sur la tranche de chaque verre. Laissez sécher la mixtion le temps indiqué par le fabricant. Déposez un peu de feuille d'argent sur la surface encore collante. Une fois posée, lissez la feuille avec le doigt. Enlevez l'excédent de la feuille d'argent à la main ou avec un pinceau souple. Comblez les trous avec les chutes de feuille d'argent. Vernissez la tranche des verres. Laissez sécher.

3. Montage

Posez un anneau dans le trou de chaque verre de lunettes. Dévissez la boule en métal du ras-du-cou rigide. Enfilez un tube de séparation entre chaque verre. Il permet de faire chevaucher les verres en partie seulement. Revissez la boule du collier.

Matuvu

UN PETIT AIR DES ANNÉES 70 POUR UN RAS-DU-COU QUI VAUT LE COUP D'ŒIL !

Jolies briquettes

RAMASSÉES AU HASARD DES PLAGES, CES PETITES BRIQUETTES, USÉES PAR LE ROULIS DE LA MER, SONT DEVENUES AUSSI LISSES QUE DES GALETS.

FOURNITURES

- Briquettes polies par la mer
- Perceuse et son support vertical
- Mèche en tungstène
- Cordonnet rouge brique
- Grosses perles à écraser
- Pince plate
- 2 barres à 3 anneaux
- Fermoir rond à ressort

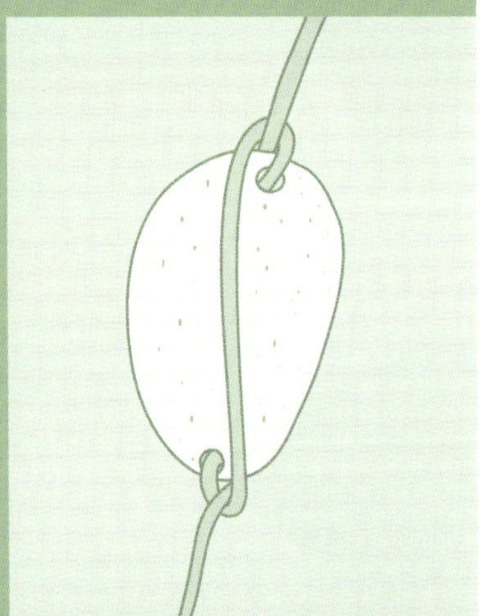

1. Perçage des briquettes

Contrairement à leur apparence, ces briquettes légères sont extrêmement dures. Il faut donc les percer avec une mèche en tungstène. Réalisez un trou aux deux extrémités de chaque briquette. Pour les plus petites, percez un seul trou au milieu ; elles seront placées perpendiculairement aux autres.

2. Enfilage

Coupez environ 100 cm de cordonnet. À l'une des extrémités, enfilez 2 perles à écraser. Passez le cordonnet dans un des anneaux de la barre, et repassez-le dans les perles à écraser mises précédemment. Écrasez les perles.

Laissez une dizaine de centimètres de cordonnet et enfilez-le dans un des trous d'une briquette. Ressortez le fil et entourez-le sur lui-même. Enfilez-le dans le deuxième trou de la briquette et procédez à l'entourage du fil sur lui-même.

Enfilez l'ensemble des briquettes de cette façon en variant les rythmes d'enfilages : laissez quelques centimètres de fil sans rien, puis enfilez 3 briquettes à la suite. De temps en temps, enfilez horizontalement une briquette percée d'un seul trou...

Terminez en passant le cordon dans 2 perles à écraser, puis dans la barre à anneaux, puis dans les 2 perles mises précédemment. Écrasez les perles. Réalisez deux autres rangs de 90 et de 70 cm de la même façon.

Posez le fermoir entre les deux barres munies d'anneaux.

FOURNITURES

- Bol chinois
- Colle bicomposant à prise rapide
- Peinture céramique à froid bleue
- Petites pastilles à coller avec anneau
- Petit morceau de collier ou de chaîne cassée
- Fermoir métal (anneau et barre)
- Pince à mosaïque
- Cure-dent
- Pâte à modeler
- Petits anneaux ronds
- Pince ronde

1. Préparation des tesselles

Cassez des fragments d'assiette en conservant la bordure : il vous faut 9 morceaux allongés de taille décroissante. Rectifiez et affinez les morceaux en les taillant avec la pince à mosaïque.

Préparez des petites boules de pâte à modeler pour poser les pièces dessus.

2. Finition des bords

Préparez une noisette de colle bicomposant en y ajoutant 3 à 4 gouttes de peinture céramique à froid pour obtenir un coloris assorti au bleu du bol.

Avec un cure-dent, passez rapidement de la colle sur la tranche cassée de chaque morceau de vaisselle. Posez vos pièces sur les boules de pâte à modeler pour les stabiliser , elles doivent toutes être posées de façon que le dessin soit visible. Laissez sécher.

Renouvelez l'opération en tournant les pièces de l'autre côté. De cette façon, la bordure de colle sera bien uniforme sur la tranche et celle-ci ne sera plus coupante.

Picassiette

DES TESSELLES DE VAISSELLE POUR CELLES QUI SE FONT BELLES.

FOURNITURES

- Vaisselle cassée
- Pince à mosaïque

Pour le bracelet

- Fil câblé
- Perles à écraser
- Fermoir à mousqueton
- Pastilles à coller à 2 canaux

3. Montage

Au dos des sept morceaux qui forment le tour de cou (dont un plus gros au centre), fixez à la colle bicomposant deux pastilles à coller décentrées vers le haut.

Pour le pendentif central, ajoutez des pastilles sur les deux derniers morceaux afin de les assembler au reste du collier. Glissez un anneau dans les pastilles pour assembler les morceaux entre eux. Terminez par une chaînette de façon à obtenir la longueur voulue.

Assemblez le fermoir à l'extrémité grâce aux anneaux.

Variante

La finesse de la porcelaine des petits bols chinois et la délicatesse de leurs motifs en font un matériau idéal pour ce type de collier.

RÉALISATION DU BRACELET

1. Préparation de la mosaïque

Coupez environ sept morceaux plus ou moins rectangulaires dans de la vaisselle cassée. Déposez de la colle sur les tranches comme indiqué pour le collier. Fixez au dos de chaque morceau une pastille à coller à deux canaux.

2. Montage

Coupez 50 cm de fil câblé. Glissez un anneau au milieu du fil. Bloquez-le avec une perle à écraser et passez le fil dans les canaux des pastilles. Serrez bien les morceaux les uns contre les autres.

Enfilez une perle à écraser à chaque extrémité du câble. Passez les deux fils dans l'anneau du mousqueton. Repassez dans les perles à écraser. Bloquez et coupez au ras.

RÉALISATION DE LA BAGUE

Découpez avec la pince à mosaïque un petit morceau de céramique décoré d'un joli motif. Déposez de la colle sur les tranches comme expliqué précédemment pour le collier. Laissez sécher.

Fixez un support de bague au dos avec la colle bicomposant.

Ming

DES EFFETS GRAPHIQUES
POUR ORNER VOS DOIGTS ET VOS BRAS.

Pour la bague

- Colle bicomposant à prise rapide
- Peinture céramique
- Support de bague

Altocumulus

DIGNES D'ŒUVRES SURRÉALISTES, CES BIJOUX S'ACCORDERONT À TOUTES CELLES QUI AIMENT RÊVER, LA TÊTE DANS LES NUAGES.

FOURNITURES

- Photos de ciel nuageux
- Colle bicomposant à prise rapide
- Peinture céramique à froid coloris bleu
- Crayon
- Ciseaux
- Feuille plastique (type intercalaire)
- Pâte à modeler
- Cure-dents

Pour les boucles d'oreilles

- 2 palets de verre transparents (non irisés) de 1,5 cm de diamètre
- 2 pastilles à coller avec anneau
- 2 supports boucles d'oreilles en métal
- 2 clous de jonction
- 2 perles longues en argent

Pour la bague

- Palet de verre de 3 cm de diamètre
- Support de bague

Astuce

Pour éviter que l'apprêt ne glisse durant le collage, stabilisez votre palet sur une petite boule de pâte à modeler.

1. Pose de l'image

Posez le palet de verre sur la photo de façon à sélectionner le meilleur cadrage. Tracez le contour du palet avec le crayon. Découpez 1 mm de moins tout autour afin que l'image ne déborde pas.

Préparez très peu de colle bicomposant. Déposez -la soigneusement sur toute la base du palet. Pressez l'image face contre colle. Appuyez le palet sur la feuille plastique pour chasser les éventuelles bulles d'air. Laissez sécher. Décollez le palet de la feuille plastique. Préparez à nouveau un peu de colle bicomposant. Lors du mélange, ajoutez une ou deux gouttes de peinture céramique bleue. Appliquez la colle ainsi teintée avec un cure-dents sur l'envers du palet afin de masquer le dos de l'image.

2. Montage de la bague

Appliquez le support dans la colle colorée encore fraîche. Laissez sécher.

3. Montage des boucles d'oreilles

Posez la pastille dans la colle en laissant dépasser l'anneau en haut du palet. Laissez sécher.

Avec la pince ronde, formez un anneau à l'extrémité de la tige métallique. Insérez-le dans le trou de la pastille. Refermez l'anneau. Glissez une perle tubulaire en argent sur la tige. Coupez à 5 mm de la perle et formez un nouvel anneau à cette extrémité. Glissez cet anneau dans la boucle d'oreille.

FOURNITURES

- 5 carrés de céramique de 2 x 2 cm de couleurs assorties
- 5 strass carrés à coller
- Tige métallique de 11 cm
- Fil gainé jaune
- 2 cache-nœuds moyens
- Fermoir (anneau et barre)
- 2 petits anneaux ronds
- Colle bicomposant à prise rapide
- Pince ronde
- Pince plate
- Cure-dents

1. Collage

Disposez les cinq carrés face contre table en intercalant un cure-dents entre eux de façon à obtenir un écart régulier. Avec la pince ronde, formez un anneau à l'extrémité de la tige. Posez la tige sur les carrés, coupez son extrémité au milieu du dernier carré et fixez-la à chaque carré avec la colle bicomposant. En même temps, recouvrez de colle l'extrémité de la tige coupée précédemment afin de la rendre lisse. Laissez sécher.

Collez un strass sur l'endroit des pâtes de verre, au centre de chaque carré.

2. Montage

Déterminez la longueur de fil nécessaire au collier. Enfilez le pendentif sur le fil. Bloquez chaque extrémité avec le cache-nœud et raccordez au fermoir avec un anneau.

Carrés chics

UNE RIGOUREUSE GÉOMÉTRIE ALLIANT LE GRAIN SUBTIL DE LA PÂTE DE VERRE ET L'ÉCLAT DES DIAMANTS.

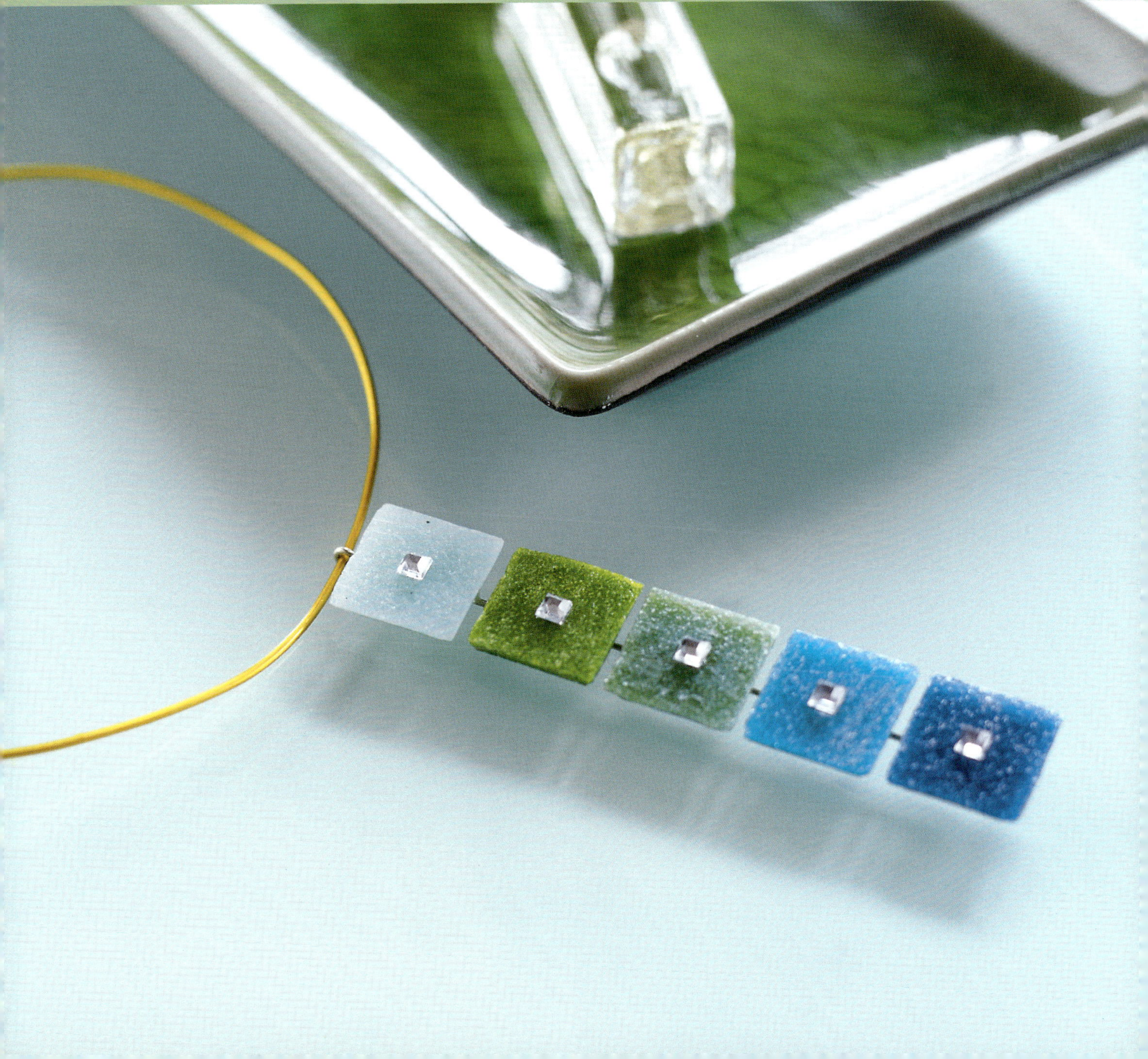

Verroterie des mers

PETITS BOUTS DE VERRE PAR LA MER ARRONDIS, POUR JOUER LES SIRÈNES ALANGUIES.

FOURNITURES

- 6 petits morceaux de verre dépoli
- Fil métallique
- Créoles torsadées à 3 anneaux
- 2 apprêts de boucles pour oreilles percées

1. Sertissage des verres

Coupez 25 cm de fil métallique. Bloquez 3 cm de fil contre le morceau de verre d'une main. De l'autre main, formez avec le fil le plus long des petites boucles autour du verre en alternant une devant et une derrière. Rejoignez l'extrémité de départ. Passez le reste du fil le plus long dans l'anneau de la créole. Formez une boucle et entortillez le petit bout de fil de fer du début autour de votre boucle. Coupez l'excédent.

Renouvelez l'opération avec les cinq autres fragments de verre.

2. Montage

Quand chaque anneau de la créole est agrémenté de sa pampille de verre, passez la tige de la boucle d'oreille dans l'anneau situé en haut de la créole.

Les adresses

Aventures créatives
62, rue de Beaubourg, 75003 Paris

Créa
55, rue Saint-Placide, 75006 Paris
www.crea.tm.fr
18 magasins en France

La Droguerie
9, rue du Jour, 75002 Paris
Tél. : 01 45 08 93 27
www.ladroguerie.com
8 magasins en France

Emmaüs
www.emmaus-france.org

Pappo Paulin
47, rue du Caire, 75002 Paris
Tél. : 01 40 26 80 20

Rougier et Plé
13-15 boulevard des Filles-du-Calvaire
75003 Paris
Tél. : 0825 160 560

Achevé d'imprimer en août 2005
sur les presses de l'imprimerie Clerc s.a.s. (France).
Relié par Brun s.a. (France).